Die spirituelle Dimension der Heilung

...ja zum Geistigen Heilen

Sabine Göbel

Die spirituelle Dimension der Heilung

...ja zum Geistigen Heilen

Bibliografische Information der Deutschen Nationalbibliothek:
Die Deutsche Nationalbibliothek verzeichnet diese Publikation in
der Deutschen Nationalbibliografie; detaillierte bibliografische
Daten sind im Internet über www.dnb.de abrufbar.

Haftungsausschluss

Dieses Buch dient einzig der Information über spirituelle, geistige und energetische Heilmethoden. Die in diesem Buch beschriebenen Methoden und Empfehlungen ersetzen keinesfalls die professionelle medizinische oder therapeutische Behandlung. Die Anwendung der empfohlenen Übungen, Methoden oder Meditationen wie auch der Gebete unterliegen der eigenen Verantwortung im Rahmen der Gesundheitsvorsorge. Weder die Autorin, Herausgeber, noch die Vertriebspartner haften für die beschriebenen Verfahren und Anwendungen. Der Haftungsausschluss bezieht sich ausdrücklich auch auf die Empfehlungen der im Buch erwähnten Autoren und Heiler.

Impressum

© 2012 Sabine Göbel

Herstellung und Verlag: BoD - Books on Demand

ISBN 978-3-8482-2424-1

Umschlaggestaltung & Illustration: Tom Groß, www.infoartwork.de

Fotos für Umschlaggestaltung: Senta Hoffmann und Sven Görlich

Lektorat: Christina und Rudolf Pasch

Inhalt

Einführung

Liebe Leserin, lieber Leser,

mit diesem Buch möchte ich Sie einladen, einen Blick hinter die Kulissen der Geistigen Heilung zu werfen. Viel zu oft beobachte ich, dass energetische und spirituelle Heilungsmethoden noch immer misstrauisch beäugt werden. Leider ist die nötige Aufklärung über Möglichkeiten, Chancen und Grenzen der Geistigen Heilung noch immer nicht vollständig im Alltagsbewusstsein unserer Gesellschaft angekommen.

Unzählige Publikationen und Bücher über die verschiedensten Heilansätze dürfen uns nicht darüber hinwegtäuschen, dass die Bedenken oder gar Vorurteile noch nicht vollständig ausgeräumt sind. Es existieren weiterhin Zweifel und Ängste vor vermeintlichem, esoterischem Hokuspokus. Das vom Intellekt und der Ratio gesteuerte Bewusstsein unserer hektischen Zeit ist konditioniert, Informationen selektiv zu filtern und möglichst schnell einzuordnen. Wen wundert es da, wenn mancherorts die Schubladen schneller geöffnet werden als die Herzen.

Mein eigenes Erleben und die Erfahrungen aus langen Jahren medialer Tätigkeit im Dienste der geistigen Welt möchte ich ebenso wie die Erkenntnisse aus

meiner Tätigkeit als Heilerin zur Verfügung stellen.
Es ist für mich ein Herzensanliegen, einen Beitrag
zu leisten, dem Geheimnis der spirituellen Heilung
auf der Spur zu bleiben.

Nach meiner Überzeugung ist das Wissen um die
energetischen Heilgeheimnisse ein kollektives Erbe
der Menschheit. Die Schätze der Weisheit sind in
jeder Kultur und auf allen Kontinenten zu finden.
Vieles begegnet uns heute in neuem, aufbereitetem
Gewand in Form des Schamanismus oder weiteren,
vermeintlich neuen Heiltechniken.

Wir lernen in Seminaren und Workshops oft nur
das wieder, was wir im kollektiven Bewusstsein der
Menschheit ohnehin abgespeichert haben. Ich möchte
Sie mitnehmen auf eine Reise in das Land der Seele,
Ihrem „geistigen Ich". Eine Reise der Erinnerung
oder nach Platon, der schon damals resümierte, dass
letztendlich alles Lernen nur Erinnerung sei.

Eine Expedition, auf der Sie den Zugang zu Ihrem
eigenen göttlichen Funken, dem Schlüssel der Heilung,
wiederfinden. Dieses Buch möchte Sie daran erinnern,
dass Sie ein feinstoffliches Wesen sind, geboren aus
Licht, Liebe und geistiger Energie. Sie besitzen nicht
nur Ihren physischen Körper, sondern auch Ihren
feinstofflichen Lichtkörper. Mit der Kraft und der
Weisheit Ihrer Seele werden Sie den Weg zu Ihrer
göttlichen Blaupause, der Matrix, finden.

Auf dieser geistigen Heilreise werden Sie nicht
nur den Schlüssel zu Ihren Selbstheilungskräften

wiederfinden, Sie werden sich auch daran erinnern, dass die Liebesgeschichte zwischen Gott und uns Menschen noch nicht zu Ende geschrieben ist. Jeder von uns wird täglich neu eingeladen, seine eigene Geschichte der Heilung, den Weg der Liebe, um ein weiteres Kapitel zu ergänzen.

Sie sind nicht nur der oder die HauptdarstellerIn in Ihrem Lebensfilm, sondern auch Drehbuchautor und Regisseur. Doch wie in jedem guten Film gilt es, die Balance zwischen Licht und Schatten zu meistern. Selbst dieser Aufgabe sind Sie gewachsen, ja, Sie sind auch der Beleuchter in Ihrem Film, Sie allein entscheiden über den Einsatz des Lichtfilters. Das Licht, die unendliche Liebe und Energie der Schöpfung, ist auch in Ihrem Leben stets präsent und abrufbar.

Die Tür zur spirituellen, geistigen oder energetischen Heilung steht weit offen, wir dürfen selbst entscheiden, ob wir den Fuß vertrauensvoll über die Türschwelle setzen möchten. Einen wesentlichen Aspekt der spirituellen Heilungsmethoden sehe ich insbesondere in der präventiven Anwendung. Letztendlich geht es um eine Schulung unserer Wahrnehmungsfähigkeit. Im Rahmen dieser spirituellen Bewusstseinsarbeit lernen wir, uns selbst wieder Raum und Aufmerksamkeit zu schenken.

Wenn es uns gelingt, die Botschaften unserer Seele bewusst wahrzunehmen, stärken wir unsere Gesundheit. Im Dialog mit unserer Seele gelingt es uns nicht nur, die Harmonie zwischen Körper, Geist und Seele zu pflegen, wir lernen auch, die Kostbarkeit des Lebens neu zu würdigen.

In unserer auf Leistung und Kommerz ausgerichteten Gesellschaft bleibt oft das natürlichste Bedürfnis unserer Seele, die Lebensfreude, auf der Strecke. Mit Hilfe der Bewusstseinsarbeit, der Hinwendung zur spirituellen Ebene, finden wir den Zugang zur Leichtigkeit des Seins wieder. Doch auch wenn wir bereits aus unserer Mitte gefallen sind und die ersten Erkrankungen oder Symptome auftreten, gibt es genügend energetische Hilfen, Krisenzeiten vertrauensvoll zu meistern. Heilungswege sind Wege des Lebens, Spuren des Lichts.

Es ist die Kostbarkeit des Lebens, die mich gleich zu Beginn des Buches auch ernst werden lässt. Ich möchte Sie ausdrücklich bitten, geistiges, spirituelles Heilen niemals als einzigen Behandlungsansatz im Falle einer Erkrankung zu wählen. Verbleiben Sie in der konservativen schulmedizinischen oder therapeutischen Betreuung oder Behandlung!

Das heißt nicht, dass ich nicht an die Wirkungskräfte der geistigen Heilungsmethoden glaube - im Gegenteil. Heilung ist immer ein ganzheitliches Geschehen; es ist Zeit für ein Miteinander auf dem Weg der Heilung und nicht ein Entweder-oder.

Der Zugang zur modernen Medizin ist ein Privileg unserer Gesellschaft, die spirituellen Heilmethoden sind ein gesunder Partner. Hier finden wir Zeit für die Hinwendung zum menschlichen Aspekt, die im modernen Gesundheitssystem leider oft dem Kosten- und Zeitdruck geopfert wird. Doch hier sehe ich persönlich das Problem eher nicht im guten Willen der Ärzteschaft, sondern in den Sparzwängen der Gesundheitspolitik.

Ich votiere für ein vierfaches, vereinendes, ganzheitliches Ja!

Ja zum Leben, ja zu den wissenschaftlichen Errungenschaften der modernen Medizin, ja zu Naturheilverfahren und ja zu spirituellen Heilungsmethoden.

Das Leben ist Leben

Das Leben ist eine Chance, nütze sie

Das Leben ist schön, bewundere es

Das Leben ist eine Wonne, koste es

Das Leben ist ein Traum, verwirkliche ihn

Das Leben ist eine Herausforderung, nimm sie an

Das Leben ist eine Pflicht, erfülle sie

Das Leben ist ein Spiel, spiel es

Das Leben ist kostbar, geh sorgsam damit um

Das Leben ist Reichtum, bewahre ihn

Das Leben ist Liebe, genieße sie

Das Leben ist ein Rätsel, löse es

Das Leben ist ein Versprechen, erfülle es

Das Leben ist Traurigkeit, überwältige sie

Das Leben ist ein Lied, sing es

Das Leben ist ein Kampf, nimm ihn auf

Das Leben ist eine Tragödie, stell dich ihr

Das Leben ist ein Abenteuer, wage es

Das Leben ist Glück, behalte es

Das Leben ist zu kostbar, zerstöre es nicht

Das Leben ist Leben, erkämpfe es dir

Hl. Mutter Teresa

1. Die Ursprünge der spirituellen und energetischen Heilung

Geistige und spirituelle Heilmethoden entsprechen immer häufiger unserem Zeitgeist. So erfreulich das auch sein möge, eine New Age Erfindung sind sie keinesfalls. Höchstens ein Ausdruck der Rückbesinnung, oder noch genauer definiert, eine Erinnerung an unser kollektives Bewusstseinserbe.

Es scheint, als hätten gerade die schamanischen Traditionen aller Kontinente einen Zugang zu unseren Wurzeln bewahrt. Die Trance-Reisen, mit oder ohne Trommel- und Rasselbegleitung, führen uns eben genau in dieses fast archaische Erleben unserer inneren Bilder. Diese uralten Traditionen der Schamanen, wie z.B. Techniken zur Rückholung abgespaltener Seelenanteile, bergen die Botschaft unserer inneren Seelenbilder.

Besonders wirkungsvoll sind diese und andere inzwischen modernisierte Methoden in der Traumaarbeit sowie diejenigen zum Ablösen von Fremd- oder Störenergien bei Heilblockaden.

Spontanheilungen nach schamanischen Heilinterventionen sind heute wie dereinst möglich bzw. reproduzierbar.

Wenden wir den Blick noch einmal zurück in die frühzeitlichen Anfänge des spirituellen Heilens und zu unseren Urahnen. Dem Verstand war es noch nicht gelungen, mit Hilfe des Intellekts die ganzheitliche

Verbundenheit mit der Schöpfungsebene zu sprengen. Der Sturz in die Polarität ereilte uns erst mit der Einführung der Gottesbilder, insbesondere der monotheistischen Religionen. Schuld und Sühne waren in der Frühzeit noch nicht geboren, Leben und Überleben fanden im Hier und Jetzt statt. Der Zugang zur universellen, heilenden Schöpfungsebene war noch nicht verschüttet. Vielfach werden unsere Urzeit-Ahnen auch als diejenigen bezeichnet, die noch traumlos schliefen.

Belege für prähistorisches Handauflegen wurden unter anderem in den Pyrenäen gefunden. Die freigelegten Höhlenmalereien zeigen neben den üblichen Alltagsszenerien auch Darstellungen einer Frühversion des Heilens durch Handauflegen.

Wesentlich berühmter hingegen sind die Funde aus der sogenannten Traumzeit der Aborigines, den australischen Ureinwohnern. Besonders sagenumwoben sind die Darstellungen der gefiederten Regenbogenschlange. Legendär sind auch die mythischen alten Lieder der Aborigines, die offensichtlich die Traumpfade der Heilung durch den gesamten Kontinent, einer vertonten Landkarte gleich, verewigt halten. Unumstritten wirkungsvoll sind die Töne der Didgeridoos. Diese Instrumente der Aborigines erscheinen mir heute, als seien sie für uns gestresste Neuzeitmenschen kreiert.

Spuren der spirituellen Heilung finden wir auch im alten Ägypten. Die Fähigkeiten der sogenannten

Priester-Ärzte dieser Hochkultur lagen primär in der Ausübung der medizinischen Kunst ihrer Zeit. Dennoch war es unvorstellbar, die spirituelle Dimension von der heilenden zu trennen. Heilungen galten zweifelsfrei als göttliche Gnadenakte, die mit ausgefeilten Heilritualen erbetet wurden.

Die indische Kultur und deren Entwicklung sind untrennbar verflochten mit der Weisheit der ayurvedischen Medizin, niedergelegt in den Sanskritrollen der vedischen Schriften. Die alles durchdringende universelle Lebens- und Lichtenergie wird hier als Prana bezeichnet.

Die modernen energetischen Prana-Heilungsmethoden mit dem uralten Wissen um unsere Energiezentren, den Chakren, sind somit auch tief verwurzelt in der Bewusstseinsentwicklung auf unserem Planeten.

Mindestens genauso alt ist die inzwischen gut dokumentierte Heilkunst der Traditionellen Chinesischen Medizin (TCM). Die universelle Lebensenergie, die wir gerade unter dem Begriff Prana in Indien gewürdigt haben, finden wir hier unter der Bezeichnung „Chi“. Nach Vorstellung der TCM entstehen Blockaden und daraus resultierende gesundheitliche Störungen, wenn der Fluss des „Chi“ im Körper gestaut ist. Im Idealfall, dem gesunden, nicht aus der Ordnung gefallenen Energiekörper, fließt eben diese Lichtkraft der Lebensenergie durch ein feines Geflecht der Energiekanäle, unserer Meridiane.

Durch moderne, bildgebende Diagnosemethoden und diverse Versuchsanordnungen konnte die Existenz des Meridiansystems inzwischen belegt werden. Unter anderem durch Moxibustion der Merdianpunkte, einer weiteren tragenden Säule der TCM, neben der weit verbreiteten Akupunktur und der Pflanzenheilkunde.

Wenden wir den Blick wieder auf Europa und den Verlauf unserer Bewusstseinsentwicklung. Das rationale Denken unserer Zeit nimmt nach meiner Einschätzung seinen Anfang im antiken Griechenland. In der Mitte des 5. Jh. v.Chr. gründeten sich die ersten Zirkel um die großen Philosophen ihrer Zeit. Deren fortschrittliche Weltbilder und Denkmodelle trafen auf einen von Mythen geprägten Schauplatz. Das mythische Bewusstsein und die antike Welt der griechischen Götter beherrschten noch den Alltag.

Das Pantheon der Götter war reichhaltig besetzt, und wen wundert es, wenn dem Gott der Heilung Asklepios eigene Heiltempel gewidmet wurden. Neben dem ebenfalls für Heilung zuständigen Gott Apollo war er der Gott, dem eigene Zeremonien gewidmet wurden. Wenn wir den Überlieferungen Glauben schenken wollen, war es Asklepios, der Sohn des Göttervaters Zeus, entstanden aus der Verbindung mit der Königstochter Koronis, der sogar Tote erweckte. Er wagte es, sich mit Pluto, dem Herrscher über den Hades, dem Totenreich, anzulegen. Die Heilung der Menschen wurde ihm übelgenommen, der Tod sollte seinen Platz auf der Weltenbühne nicht verlieren!

Er verlor das ihm als Sohn des Olymp zustehende Recht auf Unsterblichkeit, denn er hatte seine Kompetenzen überschritten. Das Urteil war unumstößlich, Göttervater Zeus selbst streckte ihn im Zorn mit dem Donnerkeil nieder.

Das Herrschaftsgeflecht der Götterordnung war wieder hergestellt, die Priorität lag leider nicht in der Heilung der Menschheit.

Verlassen wir das antike Griechenland und seinen Olymp, lenken wir unseren Blick auf den Einfluss des Christentums.

Wir alle kennen die Geschichten, die sich um die Wunderheilungen an sakralen Orten wie Lourdes fast mythenhaft ranken. Ebenso sagenumwoben sind die Aufzeichnungen, die von Gebetserhörungen an Wallfahrtsorten und Kirchen künden. Meist hängen an diesen Orten der Heilung bunte Votivtafeln, kleine Bildstücke, die aus Dankbarkeit von den Geheilten angebracht wurden. In meist volkstümlicher, naiver Malerei wurden Krankheitsverläufe im Bild dokumentiert und verewigt. Diese Form der Volksfrömmigkeit, ebenso die Heilungen durch an die Heiligen gerichteten Fürbitten, ist von der Kirche anerkannt, respektive geduldet.

Ich selbst habe keine wissenschaftliche Erklärung für diese Heilungsphänomene, glaube aber daran, dass die dahinter wirkende Gebetsheilung ein unglaublich machtvolles Instrument der Heilung ist.

Diese Überzeugung habe ich im Laufe meiner Tätigkeit

als Heilerin erlangt. Ich selbst suche stets die stärkende Rückverbindung zu geistigen, spirituell gut eingebeteten Energiefeldern. Diese Felder der Heilung, Rupert Sheldrake würde sie morphische Felder nennen, haben sich wie „rettende Inseln" im Laufe der Jahrhunderte um diese Heiligen gebildet.

Meine tiefe Liebe und Dankbarkeit gehören neben Franz von Assisi, Pater Pio und der Heiligen Katharina, insbesondere den „heiligen Ärzten" Cosmas und Damian. Sie wirkten zu Anfang ihres Lebenswerkes im türkischen Ort Ayas, später dann in der römischen Provinz Syria. Die Zwillingsbrüder, beide Ärzte, heilten unermüdlich insbesondere die Armen, für die medizinische Hilfe unerschwinglich geblieben wäre. Die Angaben über das weltliche Lebensende gehen stark auseinander, die Quellen sprechen sowohl von 287, als auch 303 n.Chr. Das Energiefeld der Liebe und Heilkraft jedoch ist raum- und zeitlos, unsterblich. Angesichts der positiven spirituellen, eher himmlischen Mächte gilt es einmal mehr, gut geerdet und verwurzelt zu bleiben. Es ist eine unumstrittene Tatsache, dass die Orte der Kraft, Wallfahrtsorte und Kirchen, eine Gemeinsamkeit haben: Sie befinden sich allesamt auf geomantisch extrem hochschwingenden, positiven Erdmagnetfeldern.

Die Heiligen mögen zwinkernd ein Auge zudrücken - hier bricht die Schamanin in mir durch - verneigen wir uns vor Mutter Erde! Die planetare Urkraft ist eine der ältesten Heilenergien, die uns trägt.

Grundsätzlich wäre es an der Zeit, dass die Kirche ihr ambivalentes Verhältnis zu diesen Heilungsphänomenen aufarbeitet. Das Wissen um geomantische Standorte ist dem Vatikan nicht fremd. Ein Großteil der sakralen Prachtbauten wurde wohl nicht ganz zufällig an alten Kultorten der Kelten und anderen frühzeitlichen Kraftplätzen errichtet. Die Schattenseite vieler Lichtplätze ist offensichtlich, es sind die Spuren der Christianisierung. Zuerst wurde den Menschen ihre geistige Heimat, ihre Götterwelt geraubt, anschließend die Gebetsplätze mit Steinen übermauert. Nicht selten stehen christliche Altäre auf heidnischen Kultplätzen…

Vielleicht liegt ja gerade in dieser energetischen Mischung ein Teil ihrer Heilgeheimnisse verborgen. Einen historischen Ausflug in die Grausamkeiten der Heilerverfolgung, als Hexenverbrennung getarnt, in die Zeiten der Inquisition, möchte ich uns ersparen. Die großen christlichen Kirchen haben in letzter Zeit selbst für ausreichend schlechte Presse gesorgt und sollten in ihrer Aufarbeitung von uns nicht weiter gestört werden.

Bevor wir uns in weiteren Kapiteln mit dem Geheimnis der Heilung beschäftigen, möchte ich es an dieser Stelle nicht versäumen, auf das Wirken der Engel, insbesondere der Erzengel, hinzuweisen. Neben den bereits erwähnten Heiligen sind sie unglaublich liebende, starke Heilarbeiter des Lichts.

Wenn Sie eigene Erfahrungen mit Engel-Energien sammeln möchten und Sie den Eindruck haben, es fehlt noch an Ihren Wahrnehmungsfähigkeiten, lassen Sie sich nicht entmutigen! Keine Bitte, kein Versuch der Kontaktaufnahme bleiben unerhört! Suchen Sie nahegelegene Kraft- bzw. Wallfahrtsorte Ihrer Region auf, nehmen Sie sich Zeit zur inneren Einkehr und Meditation. Gerade an diesen hochschwingenden Orten fällt der „Erstkontakt", das Kennenlernen, besonders leicht. Haben Sie den Mut, Ihre eigene Reise in Ihre Vergangenheit anzutreten, erkunden Sie das Licht Ihrer Herkunft!

2. Der Lichtkörper, die feinstoffliche Ebene unseres Seins

Den Zugang zum „kosmischen Gedächtnisspeicher", den morphischen Feldern, ermöglicht uns ein feinstoffliches Energiesystem, unser Lichtkörper.

Die Interaktion mit heilenden, kosmischen Energien erfolgt gleichermaßen über die uns umgebenden Auraschichten wie auch mit Hilfe unserer Chakren, insbesondere der sieben Hauptchakren. Die Chakren sind sozusagen das energetische Kraftzentrum, die Energiespeicher des feinstofflichen Lichtkörpers. Unsere Aura und unsere Chakren regulieren und schützen nicht nur den Energiefluss, sie ermöglichen uns auch die nonverbale Kommunikation, den Wissensaustausch mit dem kollektiven Bewusstseinsfeld. Dieser Bewusstseins- und Informationsspeicher wird auch Akasha-Chronik genannt, die uns auch in den folgenden Kapiteln begegnen wird. Den Zugang in die westliche Welt und deren Sprachgebrauch fand die Akasha-Chronik insbesondere durch die umfangreichen Werke des Philosophen und Autors Rudolf Steiner.

Über den Lichtkörper wie auch über die Wirkungsweise der Chakren wurden unzählige gute Fachbücher verfasst. Im Anhang dieses Buches finden Sie ein umfangreiches Literaturverzeichnis. Ich denke, Sie verzeihen mir, wenn ich in meinem Buch nur eine leicht verständliche, einführende Kurzfassung präsentiere. Die Thematik ist zu komplex, sie würde an dieser Stelle den Rahmen des Buches sprengen. Die von mir selektiv zusammengestellten Informationen reichen jedoch aus, um sich der Philosophie bzw. dem Geist des spirituellen Heilens anzunähern und zu öffnen. Nachfolgend eine kurze Übersicht über die sieben Hauptchakren und deren Funktionsbereiche:

1. Wurzelchakra - rot

Element:	Erde
Lage:	in der Höhe des Steißbeins
Drüsen:	Nebennieren, Milz
Hormone:	Adrenalin, Noradrenalin, Aldosteron, Cortisol
Zuordnung:	Knochen, Darm, Blut- und Zellaufbau, Wirbelsäule
Spirituelles Thema:	Urvertrauen und Urängste, materielle Bedürfnisse, psychische Stabilität, Mutter-Beziehung etc.

2. Sakralchakra - orange

Element: Wasser

Lage: etwa eine Handbreit unter
                        dem Bauchnabel

Drüsen: Eierstöcke, Hoden (Keimdrüsen)

Hormone: Östrogen, Testosteron, Progesteron

Zuordnung: Fortpflanzungsorgane, Blase
                        und Nieren

Spirituelles Thema: Gefühle, Erotik, schöpferische
                        Kräfte, mit dem Leben fließen

3. Solarplexus – gelb

Element: Feuer

Lage: etwa in Höhe des Magens

Drüsen: Pankreas
                        (Bauchspeicheldrüse)

Hormone: Insulin, Glucagon

Zuordnung: Magen, Verdauungssystem,
                        Leber, Gallenblase

Spirituelles Thema: Persönlichkeit, Kraft und
                        vitaler Antrieb, Freiheit,
                        Lebenserfahrung

4. Herzchakra - grün

Element: Luft

Lage: mittig in der Höhe des Herzens

Drüsen: Thymusdrüse

Hormone: Thymusin

Zuordnung: Herz, Lunge, Kreislauf

Spirituelles Thema: Verbindungselement der Energiekörper und Verbindung zwischen den oberen und unteren Chakren

5. Halschakra – hellblau

Element: Äther

Lage: in der Höhe des Kehlkopfes

Drüsen: Schilddrüse

Hormone: Thyroxin

Zuordnung: Kehle, Lunge, Arme

Spirituelles Thema: Kommunikation, Gedanken, Gefühle, innere Stimme, Inspiration, Unabhängigkeit

6. Stirnchakra - indigoblau, innerer Klang

Lage: in der Mitte der Stirn

Drüsen: Hypophyse (Hirnanhangsdrüse)

Hormone: Vasopressin, Pituitrin

Zuordnung: Augen, Nase, Ohren, Wirbelsäule

Spirituelles Thema: Intuition, Gedankenkraft,
                     Entwicklung außersinnlicher
                     Wahrnehmung

7. Kronenchakra, violett (weiß und gold)

Lage: am Scheitelpunkt des Kopfes

Drüsen: Zirbeldrüse

Hormone: Melatonin, Serotonin

Zuordnung: oberes Gehirn

Spirituelles Thema: Einheitsbewusstsein,
                     universelles Sein

Die Pflege unseres energetischen Körpers, insbesondere der sieben Hauptchakren, sollte in unserem alltäglichen Leben die gleiche Wertschätzung erfahren wie unser physischer Körper. Es ist uns allen völlig klar, dass gesunde Ernährung, Bewegung, ausreichender Schlaf und Ruhezeiten jeden Tag auf das Neue gepflegt werden müssen.

Die sträfliche Vernachlässigung der physischen Bedürfnisse unseres Körpers zieht bereits nach kurzer Zeit gesundheitliche Konsequenzen oder Störungen je nach Art des Regelverstoßes nach sich. Dies ist uns allen bekannt und wir sind bemüht, mehr oder weniger konsequent für unsere körperlichen Bedürfnisse zu sorgen. Mindestens genauso wichtig ist jedoch die feinstoffliche Seite unseres Seins, unser Lichtkörper! Die tägliche Pflege des energetischen Körpers sollte einen festen Platz im Zeitplan finden! Genauer gesagt ist die energetische Unversehrtheit ein unerlässlicher Aspekt zur ganzheitlichen Gesundheitsvorsorge!

Die Funktion unserer Chakren versorgt schließlich die Organkreisläufe unseres Körpers mit der notwendigen Licht- bzw. energetischen Lebenskraft. Geeignet für den täglichen Dialog mit unserem feinstofflichen, spirituellen Sein sind insbesondere die verschiedenen Meditationstechniken der östlichen Weisheitslehren oder die mystisch- christliche Kontemplation bzw. Meditation.

Ideal ist natürlich auch die Ausübung von Yoga, Tai-Chi oder Chigong, um die ganzheitliche Ausrichtung unseres Lebensstils zu pflegen.

Nicht zu unterschätzen ist die Wirkung der „Fünf Tibeter", die Übungen werden im gleichnamigen

Buch von Peter Kelder ausführlich erläutert. Ich selbst kann sie nur wärmstens empfehlen!

Für meine Tätigkeit als Heilerin sind die Chakren meiner Klienten ein unglaublich kostbarer Wegweiser. Sie erlauben durch das Aufzeigen von Funktionsstörungen, meist in Form von Blockaden, den Rückschluss auf körperliche und seelische Beeinträchtigungen. Nach meiner Auffassung ist es jedoch nicht ausreichend, einzelne Chakren nur durch das Erhöhen von Energiezufuhr kurieren zu wollen. Die Spurensuche nach grundlegenden, auslösenden Störungen darf nicht vorschnell abgebrochen werden. Die Chakren sind schließlich auch ein Bewusstseins- und Ereignisspeicher. Jedes emotional fordernde oder uns überfordernde Erlebnis auf unserem Lebensweg, insbesondere traumatische Erfahrungen, hinterlassen Spuren. Aus diesem Grund ist es wichtig, den Informationen aus allen Chakren Aufmerksamkeit zu schenken. Es macht keinen Sinn abzuwarten, bis Störungen uns zum Innehalten zwingen. Nehmen Sie sich Zeit für Ihren ganz persönlichen inneren Dialog!

Bauen Sie in der täglichen Meditation den Kontakt zur Ihren Chakren und deren Botschaften auf! Wenn Sie nicht über die Zeit verfügen, täglich alle Chakren „durchlaufen" zu lassen, arbeiten Sie fokussiert.

Stellen Sie einen festen Wochenplan auf, nehmen Sie jeden Tag ein Hauptchakra in Ihre Meditation auf, so bleiben Sie im Laufe der Woche mit sich selbst in Berührung! Probieren Sie es aus, die Kraft der inneren Mitte wird sie belohnen!

3. In den eigenen Schuhen laufen, systemische Verstrickungen erkennen und lösen

Wir sind mehrheitlich fest überzeugt, selbstbestimmt und erwählt in den eigenen Schuhen durch das Leben zu gehen. Wieso wähle ich diese leicht naiv anmutende Formulierung?

Ich möchte im Rahmen dieser plakativ auf unser Schuhwerk fokussierten Betrachtungsweise einen Blick auf unsere Lebenswege werfen! Viele von uns, ich selbst nehme mich hier nicht aus, tragen natürlich unbewusst, im übertragenen Sinn, hin und wieder die imaginären Schuhe ihrer Ahnen. Wir glauben auf unserem Weg zu sein, aber allzu oft sind wir auf unbewussten Abwegen, tauschen unser Schuhwerk beispielsweise gegen das unserer Großmütter und Großväter.

In den vorangegangenen Kapiteln haben wir festgestellt, dass wir uns in der Interaktion mit morphischen Feldern bewegen. Diese Informationsfelder umfassen auch ganze Familien inklusive ihrer Vorfahren. Jede Familie verfügt über ein solches, eigenes Wirkungsfeld, es bewahrt sozusagen die Familienseele und die Schicksale ihrer Mitglieder auf. Der Weisheitslehrer Thomas Young geht von Verstrickungen bis in die siebte Generation vor uns aus, nach meinen medialen Erfahrungen sind es jedoch meist bis zu neun Generationen.

Diese „Familiendatenbank" verzeichnet die Schicksalsthemen wie Erbstreitigkeiten, unerklärliche Todesfälle, Selbstmorde, Verlust von Kindern, schwere Erkrankungen, Armut, Flucht, Vertreibung und vieles mehr.

Mit Hilfe von sogenannten systemischen Aufstellungen - Bert Hellinger, der Gründervater, nennt sie auch systemische Familienaufstellungen - lassen sich solche Themen veranschaulichen und lösen. An dieser Stelle möchte ich Ihnen die freien Aufstellungen nach Olaf Jacobsen und sein Buch „Ich stehe nicht mehr zur Verfügung" empfehlen.

Sicher sind jetzt einige meiner Leser irritiert, warum ich eine Methode aufnehme, die eher im psychologisch beratenden Bereich angesiedelt erscheint. Dies ist schnell erklärt. Wie bereits erwähnt, wirken hier insbesondere morphische Felder bei der Auflösung von Verstrickungen. Die Lösung, nennen wir sie gerne auch Heilung, erfolgt im geistigen, scheinbar unsichtbaren Raum. Es sind die Kräfte der befreiten Seelen, die Kräfte des menschlichen Geistes, der sich seiner bewusst wird und durch Loslassen, Vergebung und Dankbarkeit gegenüber den Ahnen und deren Leben seine Einschränkungen besiegt!

In meiner täglichen Arbeit stoße ich immer wieder auf Menschen, die nicht in „ihren Schuhen" laufen. Dank meiner medialen, hellsichtigen Fähigkeiten sehe ich sehr schnell, ob deren Themen aus der ihnen zugrundeliegenden, unbewusst ablaufenden

Solidarität gegenüber den Vorfahren übernommen wurden.

Sehr gut ist mir auch der Fall einer jungen, seriösen, liebenswerten Familie in Erinnerung. Sie lebten in der Angst, ihr verhaltensauffälliges, etwa fünfjähriges Mädchen entzogen zu bekommen. Die Kindergärtnerinnen waren fest überzeugt, die von der Kleinen gemalten Bilder und ihr gesamtes Verhalten als Folgen von sexuellem Missbrauch deuten zu müssen. Verständlicherweise wurde auch das Jugendamt benachrichtigt.

Ich riet der verzweifelten jungen Mutter, den herbeigerufenen Kinderpsychologen um eine Aufstellung zu bitten und ihm vom frühen Tod ihrer Schwester, Folge einer Vergewaltigung, zu erzählen. Sie brach in Tränen aus und wunderte sich, warum ich darüber etwas wüsste. Dieses Thema war zu schmerzlich, wurde von der gesamten Familie verdrängt und war bis dorthin nicht verarbeitet.

Das kleine Mädchen hatte lediglich die Bilder aus der Familiendatei, dem morphischen Feld empfangen und gemalt. Gott sei Dank konnte genau dieses Informationsfeld nach dessen Auflösung sie wieder befreit in ihr eigenes Leben entlassen. Weitere Tests des Kinder- und Jugendpsychologen konnten jegliche Zweifel über das Elternhaus ausräumen. Die Kleine läuft wieder glücklich in ihren eigenen Kinderschuhen!

Nicht alle Fälle verlaufen so dramatisch, Gott sei Dank, aber die Auswirkungen können die Betroffenen dennoch in ernstzunehmende Krisen stürzen. Ohne mich in unzählige Beispiele verlieren zu wollen, möchte ich noch auf den Fall eines jungen Mannes zurückgreifen.

Er hatte es geschafft, aus den sogenannten kleinen Verhältnissen stammend, nach einem größtenteils selbstfinanzierten Betriebswirtschaftsstudium, eine gute Anstellung zu finden. Wenige Monate darauf ging das Unternehmen in Konkurs. Wen wundert es an dieser Stelle, die nächsten vier Arbeitsverhältnisse wurden ihm jeweils betriebsbedingt, aus Einsparungszwängen, gekündigt. Die persönliche Konsequenz für ihn liegt auf der Hand, Ebbe auf dem Konto und das persönliche Gefühl ein Unglücksrabe bzw. Unglücksbringer zu sein. Natürlich ist er keines von beidem, aber auch er war nicht in seinen Schuhen unterwegs.

Da er selbst seine Familie leider nur bis zu den Großeltern zurückverfolgen konnte, ging ich für ihn auf mediale Spurensuche. Meinen inneren Bildern folgend bat ich ihn, sich an die Pfarrgemeinde seiner Heimatstadt zu wenden, er würde dort auf eine weiter zurückliegende Generation stoßen.

So war es dann auch: Anhand der Aufzeichnungen wurde die von mir gesehene Auswanderung seines Urgroßvaters in die Vereinigten Staaten bestätigt. Es gelang ihm auch, weitere Verwandte zu finden und es stellte sich heraus, dass sich finanzielle Nöte wie ein roter Faden über Generationen durch die Familie zogen. Zu seinem Erstaunen waren die meisten Vorfahren anscheinend Tagelöhner. Es gelang ihm, dass er sich von dem schweren Schicksal seiner Ahnen würdig verabschiedete, ihnen seine Liebe zeigte und bewusst darum bat, sie mögen freundlich auf ihn schauen. Er erkannte seine unbewusste Solidarität mit deren Armut und die Notwendigkeit, in sein Leben zurückzufinden. Heute läuft er erfolgreich in Designerschuhen und meldet sich nur noch selten, weil die Karriere und seine junge Familie ihn in Atem halten.

Wenn sich in unserem alltäglichen Leben gesundheitliche Störungen zeigen oder Stolpersteine aus dem scheinbaren Nichts auftauchen, sollten wir uns die Zeit nehmen innezuhalten. Nicht immer müssen es tiefgreifende Themen sein, die uns in ihrem Bann halten. Es ist auch nicht immer zwingend notwendig, eine Familienaufstellung in Anspruch zu nehmen. Oft genügt es, den Blick nach hinten zu richten, alte Fotoalben hervorzuholen und sich seiner Familienbande bewusst zu werden.

Versuchen Sie den Themenkreis Ihrer Herausforderungen oder Einschränkungen zu lokalisieren. Lassen Sie dann Ihre Vorfahren wie auf einer Bühne vor Ihrem inneren Auge vorüberziehen und betrachten Sie deren Lebensthemen und Schicksalsverläufe. Wo zeigen sich ähnliche, übereinstimmende oder gesundheitliche Belastungen? Tauchen wiederholt finanzielle Belastungen oder Erbstreitigkeiten auf? Wenn Sie den

Eindruck haben, Sie könnten einer Verstrickung auf die Spur gekommen sein, schicken Sie diesem Familienmitglied Ihre Liebe und Anerkennung, würdigen Sie das Lebenswerk, bitten Sie die Person freundlich auf Sie zu schauen und kehren dann bewusst in Ihr Leben zurück.

Die Loslösung der Verbindung beginnt bereits in dem Moment, in dem wir uns öffnen und sie wahrnehmen. Die übergeordnete „Familienseele" findet zur Ruhe, wenn die Schicksale aller ihrer Mitglieder angeschaut und bewusst in die Wahrnehmung der neuen Generation integriert werden. In schwerwiegenden Fällen, wenn ernsthafte physische oder psychische Störungen auftreten, die aus systemischer Sicht begründet sein könnten, ist es dennoch angeraten, fachliche professionelle Hilfe in Anspruch zu nehmen. Im Internet finden Sie Adresslisten mit qualifizierten systemisch arbeitenden Therapeuten. Wie auch zu Beginn des Buches bereits erwähnt, bitte niemals ernsthafte Belastungen auf die leichte Schulter nehmen, lieber einmal zu früh den Arzt oder Fachtherapeuten aufsuchen. Zur spirituellen Vorsorge im Alltag, bevor Belastungen sichtbar werden, empfehle ich gar nicht erst zu warten, bis morphische Felder in Aktion treten. Nehmen Sie sich ab und zu die Zeit, Ihren Vorfahren für ihre Lebensspuren zu danken! Würdigen Sie in einem kleinen feierlichen Ritual - ein kleiner Blumenstrauß und eine Kerze genügen - den weitergegebenen Lebensstrom, verneigen Sie sich für die Liebe, die über Ihrem Leben Wache hält.

Im Sinne unseres roten Fadens, den wir auf der Suche nach den spirituellen Heilgeheimnissen nicht verlieren möchten, liegt mir noch eine persönliche Anmerkung am Herzen. Der Gründervater des heutigen Familienstellens, Bert Hellinger, war längere Zeit, bevor er aus dem Orden wieder austrat, als Missionar in Afrika tätig. Ich denke, dass er dort mit dem afrikanisch- schamanischen Wissen um die Ahnenseele konfrontiert bzw. davon inspiriert wurde. So schließt sich auch hier der Kreis um das alte Wissen, das seinen Weg in die Moderne findet. Dieses schamanisch anmutende Element beseelt eine weitere Wurzel des Familienstellens, das Familien-Skulpturmodel von Virginia Satir, deren Lebenswerk ich sehr schätze.

Ich wünsche Ihnen viel Licht und Liebe auf der Spurensuche zu Ihren Wurzeln, bleiben Sie stets in Ihren Schuhen auf dem Weg der Heilung und Lebensfreude.

4. Maskenball der Seele: Wenn die Heilung aus der Vergangenheit kommt!

Wir alle sind Reisende durch Raum und Zeit und erliegen im Laufe unseres Lebens mal mehr oder mal weniger den Illusionen der Materie. Es ist unser Ego, das uns in der begrenzenden Überzeugung festhalten möchte, der scheinbaren Realitätswahrnehmung des Verstandes Glauben zu schenken.

Die Belegbarkeit der Zeitspanne zwischen Zeugung und dem Eintritt in die weltliche Erfahrungsebene über den Geburtsvorgang bis zu unserem körperlichen Tod wirkt realistisch nachvollziehbar und schenkt uns die ordnende Plattform zur Einstufung unserer Wahrnehmungen. Die Zeit vor unserem Eintritt in das der Materie untergeordnete Weltenleben und die Zeit danach, wenn wir die Bühne wieder verlassen, erscheinen diffus.

Wir sind es gewohnt für alles, was unser physisches Leben betrifft, eine gute, fundiert belegbare wissenschaftliche Erklärung abrufen zu können. Alle Forschungsbereiche, egal ob Medizin, Quantenphysik, Chemie und Biochemie, die geballte Ladung an Information steht uns per Mausklick im Internet zur Verfügung. Die intellektuelle Ebene unserer menschlichen Evolution jagt von einem Quantensprung zum nächsten.

Doch wo kommen wir wirklich her und warum existieren wir? Gibt es einen feststehenden Punkt, an den wir wieder zurückkehren in das Licht unserer Herkunft? Warum erleiden wir überhaupt noch Krankheiten?

Die großen Sinnfragen des Lebens entziehen sich weiterhin konsequent der naturwissenschaftlichen Erforschbarkeit. Auch unser bestens auf Leistung konditionierter, rationaler, informationsüberfluteter Verstand hilft uns nur begrenzt weiter. Wir bewegen uns im emotional überfrachteten Terrain unserer Seelen, wenn wir dem Geheimnis der Sinnfragen näherkommen wollen. Selbst die moderne Psychologie wie auch die theologischen Thesen sämtlicher Weltreligionen sind nur begrenzt zur Navigation tauglich. Das Land der individuellen Seele wurde noch nicht vermessen, kartiert und wissenschaftlich katalogisiert. Gott sei Dank!

Noch haben wir die Chance, wenigstens uns selbst erforschen zu dürfen, ein kleines Stück des individuellen Weltbildes im Strom der Aufklärungsflut zu retten. Natürlich ist auch auf der spirituellen Ebene die Welt keine Scheibe und selbst in der Akzeptanz ihrer runden Erscheinungsform nicht mit von schwelgender Romantik entfesselnden Sinnen begreifbar zu gestalten.

Wir müssen die „Herzebene" unserer emotionalen Intelligenz schärfen und mit der rationalen Wahrnehmungsebene unseres Verstandes vernetzen, wenn wir ganzheitlich fühlen, denken und handeln wollen.

Werfen Sie für kurze Zeit alle Zweifel, Glaubenssätze und alte Konditionierungen über Bord. Begleiten Sie mich auf einen Segelturn der anderen Art auf eine

Exkursion der spirituellen Weltmeere. Starten wir den Trip in die Erinnerungen Ihrer Seele!

Wie weit reicht Ihr persönliches, bewusstes Erinnerungsvermögen in die Kindheit? Meistens erinnern wir uns bis in das dritte Lebensjahr zurück. Einschneidende Erlebnisse, egal ob positiver oder negativer Natur, bleiben jedoch länger im Gedächtnis verankert. An unsere Geburt können wir selbst uns in der Regel nicht erinnern, aber wir haben Eltern oder nahestehende Personen, die uns bis zu diesem Zeitpunkt mit Informationen weiterhelfen können. Aber was war davor? Vor unserer Zeugung? Gab es unsere Seele schon?

Steigen wir ein in das Weltbild der Reinkarnation... Sicher ist es Ihnen auch schon so ergangen, dass Sie auf Reisen an einem Ort besonders fasziniert und emotional ergriffen waren. Oft sind es auch fremde Gerüche in exotisch anmutenden Ländern, die für ganz kurze Zeit Bilder oder Gefühle aus unserer Erinnerungsdatei aufblitzen lassen. Wir stehen in einem fremden Land, an einem unbekannten Ort mit fremden Gefühlen und wissen plötzlich, in welche Richtung wir gehen oder fahren müssen, um an unser Ziel zu gelangen. Alles nur Zufall? Wir sehen uns für kurze Zeit aufblitzen in fremder Kleidung, mit einem anderen Gesicht, einem merkwürdig vertrauten und dennoch unbekannten Körper. Sprachfetzen aus fernen Zeiten dringen in unsere Ohren in scheinbarer Stille... Sinnestäuschungen? Optische Spiele unseres

Gehirns, Neurotransmitter und Spiegelneuronen auf wissenschaftlichen Abwegen? Nein, wir alle haben irgendwann unser Déjà-vu-Erlebnis. Meistens verdrängen wir diese Erlebnisse wieder und schütten sie mit vermeintlichen Erklärungen zu. Unsere früheren Erdenleben der Seele ängstigen uns, weil wir sie scheinbar nicht belegen, erfassen oder begreifen können.

Doch ein Teil unserer Seele ist unsterblich und inkarniert in unterschiedlichen Zeitabständen erneut. Wir erklären uns in der Zeit zwischen unseren Leben dazu bereit, in neue Rollen zu schlüpfen, um im großen Maskenball des Lebens ein neues Stück Erfahrung auf der Weltenbühne zu sammeln. Nach unserem Tod treten wir in das heilende Lichtfeld der geistigen Welt ein und erhalten dort die Möglichkeit, das jeweils hinter uns liegende Leben aufzuarbeiten.

Doch wenn wir wieder eintreten in das Weltgeschehen, einen neuen Körper beseelen, um neue Erfahrungen zu sammeln, bringen wir dennoch einiges an Anhaftungen mit.

Ein Teil des spirituellen Seelenlebens wird gerade dadurch geprägt, dass wir einiges noch aufarbeiten oder erlösen wollen, mit Hilfe einer neuen Erderfahrung, einer weiteren Inkarnation. Es ist ebenfalls ein Teil der Scharade, dass wir nicht nur positive Kraftressourcen und Talente, sondern auch selbst auferlegte Beschränkungen mitbringen. Der Ausdruck Karma ist mir jedoch zu abgegriffen und mit vielen Fehlinformationen überlagert. Nennen wir es lieber Herausforderungen. Wenn wir nun das Wissen um die Möglichkeiten der Verstrickungen aus dem vorangegangenen Kapitel hinzuziehen, eröffnet sich ein weiteres Feld. Ein neues Stück unseres persönlichen Heilgeheimnisses kann von uns erobert werden, wenn wir es zulassen, dass Informationen aus früheren Leben in uns auftauchen. Dank der Reinkarnationsforschung können wir davon ausgehen, dass wir auch mit Erkenntnissen aus früheren eigenen Leben verstrickt sein können. Das heißt im Ernstfall, dass wir alte nicht verarbeitete Krankheiten oder Verletzungen noch einmal erleben oder anziehen. Nicht selten finden dann Ärzte für die empfundenen Schmerzen bzw. unerklärlichen Symptome und gesundheitlichen Beeinträchtigungen keine medizinisch belegbare Diagnose. Der „neue" Körper ist gesund, doch die „ewige Seele" lässt alte Symptome zu. Schnell findet man sich dann in der Ecke der eingebildeten Patienten und der Simulanten wieder. Aber auch ernste, eindeutig belegbare Erkrankungen in diesem Leben können ihren seelischen Ursprung in der Vergangenheit früherer Leben haben. Wenn Sie Ihrem persönlichen Heilgeheimnis auf die Spur kommen wollen, sollten Sie auch diese Aspekte berücksichtigen.

Um Auskunft über frühere Leben zu erhalten, gibt es verschiedene Möglichkeiten. Die bekannteste Variante ist die Rückführung durch einen Hypnosetherapeuten. Das mag für viele von uns stimmig sein, hat auch seine Berechtigung und kann mit langjähriger Forschungsarbeit inzwischen gut belegt werden. Doch neben den angestrebten, lösenden, heilenden Bildern und Aha-Erlebnissen, werden leider auch oft alte Traumata neu belebt bzw. beseelt.

Die von mir mit gutem Gewissen empfohlene sichere Variante liegt in der Heilkraft der Meditation. Mit entsprechender Begleitung, das heißt fachlicher Anleitung durch einen erfahrenen Meditationslehrer, können Sie selbst gezielt in die Areale Ihrer Seele eintauchen, die Ihre Heilinformationen speichern. Im Gegensatz zur Fremdhypnose bei einer gezielten Rückführung finden hier in der Regel keine neuen traumatischen Prozesse statt. In der Meditation sind die Gehirnwellen zwar verlangsamt, aber dennoch präsent und verfügbar. Der natürliche Schutzmechanismus kann greifen, Bilder, die uns überlasten würden, können von der Seele abgefedert oder abgelehnt werden. Diese meditationsgestützte Rückerinnerung erfordert leider eine längere Trainingsphase und scheidet somit leider in den Fällen aus, in denen es schnell gehen muss.

So verbleibt noch eine weitere Möglichkeit, die Zuhilfenahme einer medialen, hellsichtigen Person, die für Sie stellvertretend die Informationsreise nach hinten antritt. Hier ist es jedoch wichtig, nicht auf das erstbeste, billigste Beratungsangebot zurückzugreifen. Verschaffen Sie sich mit Hilfe Ihrer gesunden Menschenkenntnis ein Bild über die Ernsthaftigkeit und Fähigkeiten des erwählten Mediums. Wagen Sie den Schritt in die Vergangenheit. Aus meiner eigenen Erfahrung kann ich unzählige Beispiele finden, in denen es mir möglich war, für meine Klienten die Reise nach hinten anzutreten. Unzählige Male durfte ich hinter die Kulissen von Raum und Zeit blicken und die Stücke hinter dem Bühnenvorhang betrachten.

Ich selbst brauche für mein so entstandenes Weltbild keine naturwissenschaftliche Erklärung mehr. Jahre des Staunens und des Erlebens kleiner und großer Wunder der Heilung aus der Vergangenheit sind mir persönlich ausreichend.

Letztendlich wirken auch hier große morphische Informationsfelder, die jederzeit abrufbar sind, und zwar für jeden von uns, der mit offenem Herzen die Reise auf der Suche nach Wahrheit antritt.

Vielleicht finden Sie Ihr persönliches Schlüsselerlebnis während einer friedvollen Meditation oder ganz einfach im Schlaf. Denn auch unsere Träume sind oft eine Brücke zu dem ewigen Teil unserer unsterblichen Seele! Bitten Sie die göttliche Quelle vor dem Zubettgehen um informative Traumbotschaften und legen Sie einen Notizblock mit einem Stift in greifbarer Nähe bereit, um Ihre Träume direkt zu notieren! Wenn Sie bis zum nächsten Morgen damit warten, droht erneut der Schleier des Vergessens…

Bitten Sie auch Ihre Engel, insbesondere Ihren Schutzengel, um die Fügungen in Ihrem Leben, die Ihnen stets zur rechten Zeit am rechten Ort den Weg weisen! Lernen Sie mit dem Herzen zu sehen…

*Wer hier nicht zur Vollendung gelangt,
gelangt vielleicht drüben dahin oder muss eine
abermalige irdische Laufbahn beginnen.
Sollte es nicht auch drüben einen Tod geben,
dessen Resultat irdische Geburt wäre?*

Novalis (1772-1801)

5. Mentale Mauern sprengen, Glaubensmuster, Konditionierungen und die Last alter Eide und Gelübde abstreifen

Wenn wir uns mit den Möglichkeiten und Wegen der energetischen und spirituellen Heilung beschäftigen, stoßen wir auf die grenzenlose Kraft unseres Geistes. Dieser zu uns gehörende, in uns wohnende Geist, dessen Substanz uns bisweilen genauso rätselhaft erscheint wie die unserer Seele. Er teilt sich uns mit in einem scheinbar nicht enden wollenden Gedankenstrom, der an manchen Tagen einem Karussell ähnelt, dessen Abschaltungsmechanismus defekt ist.

Wir alle kennen die Situation, wenn wir todmüde ins Bett sinken, um sogleich wieder hellwach dazuliegen, weil unser Geist uns nicht zur Ruhe kommen lässt. Wer besitzt eigentlich wen, wir unseren Geist oder er uns? Wovon sind die Gedanken, durch die er sich uns mitteilt, beseelt? Handelt es sich um unser eigenes, autarkes, neurologisches, biochemisches Funktionssystem oder sind wir durch ihn angebunden an ein übergeordnetes geistiges Informationsfeld?

Die großen Weltreligionen halten hier vielfältige Erklärungsangebote bereit. Die etablierteste religiöse Vorstellung in unserem Kulturraum verdanken wir wohl dem Christentum. Insbesondere dessen Lehre von der göttlichen Trinität und dem uns allen bekannten, jedem Gebet und jeder Fürbitte zugrundeliegenden Glaubenssatz: Im Namen des Vaters, des Sohnes und des Heiligen Geistes. Eben dieser Heilige Geist wird in christlichen Darstellungen durch die weiße Taube im goldenen Strahlenkranz symbolisiert.

Besonders schön finde ich die schamanisch indianische Philosophie des Wakantanga, dem großen göttlichen Geist, der alles durchströmt, die Natur, Mensch und Tier und alles in sich vereint. Ein Glaubens- bzw. Weltbild, das allen ethischen, empathischen Ansprüchen an Achtsamkeit und Friedfertigkeit gerecht wird.

Heute sprechen wir dank der Quantenphysik und den modernen Quantenheilungsmethoden von der göttlichen Matrix, dem uns zugrundeliegenden Licht und Informationsfeld. Unser persönlicher Geist, der wie unsere Seele unsere Identität prägt und gewährleistet, ist die ultimative Kraftzentrale unseres Seins. Mit der erschlossenen Kraft unseres Geistes entfalten wir unsere mentale Stärke wie auch die Fähigkeit zu tiefen spirituellen Erfahrungen. Es ist dieser uns beseelende „Spirit", der uns zu den Sternen trägt, der uns mit allem was ist, verbindet und Zutritt zu allen morphischen Feldern ermöglicht.

Wenn wir diese grenzenlose Kraft des Geistes, unser „geistiges Ich", in vollem Umfang einsetzen wollen, darf kein Hindernis mehr im Wege stehen.

Wir sollten ständig unsere Überzeugungsmuster und Konditionierungen im Alltag überprüfen. Viele dieser Glaubenssätze und begrenzenden Weltbilder wurden uns bereits in der frühesten Kindheit vermittelt und sind deswegen tief in unser Unterbewusstsein eingedrungen. Die Folgen sind offensichtlich. Wir merken oft gar nicht oder zu spät, wenn nicht wir selbst, sondern unsere übernommenen Muster reagieren bzw. agieren. Es sind Glaubenssätze wie: Der frühe Vogel fängt den Wurm; oder: Im Schweiße deines Angesichts sollst du dir dein Brot verdienen. Allseits bekannt sind auch die Begrenzungsformeln: Schuster bleib bei deinen Leisten; Ohne Fleiß kein Preis.

Weitere Negativbeispiele möchte ich uns eigentlich ersparen, doch der heftigste Glaubenssatz, der mich in meiner Kindheit ereilte, erscheint mir dennoch erwähnenswert. Er stammt aus dem katholisch gutbürgerlichen Erfahrungsschatz meiner Großmutter und ist bestens geeignet, um zu erkennen, wie Lebensfreude mit mentalen Botschaften vernichtet werden kann. „Wer morgens schon singt und lacht, wird bis zum Abend umgebracht".

Gott sei Dank war ich diesem Einfluss nur begrenzt ausgesetzt, sonst wäre dieses Buch wahrscheinlich nicht entstanden.

Stöbern auch Sie in Ihrem Erinnerungsarchiv und entlarven Sie die Lebensfreude- und Erfolgs-Killersätze, denen Sie in Ihrem Leben ausgesetzt waren.

Natürlich sind wir unserer Lebenskraft und unserem ganzheitlichen Wohlbefinden nach dem Enttarnen begrenzender Muster nun ein erhebliches Stück nähergekommen. Doch wie wir es bereits im vorangegangenen Kapitel betrachtet haben, ist die Erinnerung unserer Seele nicht an unsere jetzige Inkarnation gebunden. Unsere Seele vergisst nichts, und wenn es sich um einschneidende, prägende Erlebnisse oder gar Versprechen handelt, wirkt dieser „Dauermechanismus" über Inkarnationsgrenzen hinweg.

Im positiven Fall behindern uns lediglich Blockaden, die unser berufliches oder finanzielles Vorwärtskommen beeinträchtigen. Wesentlich unerfreulicher wird es für die Betroffenen, wenn alte Ordensgelübde ein glückliches Privatleben und vor allem eine erfüllte Partnerschaft verhindern. Wirklich schwierig wird es, ein erfülltes, gesundes Leben zu führen, wenn alte Seelenverträge oder Verabredungen in früheren Leben beschlossen wurden, die mit Schwüren oder Eiden versiegelt sind. Oft wird der unerkannte, tief im Unterbewussten schwelende Konflikt der Seele und deren „Altlast" zum Auslöser unerklärlicher gesundheitlicher Störungen.

Wenn die Beeinträchtigungen medizinisch abgeklärt wurden und kein den Symptomen zugrundeliegender Befund erstellt werden kann, sollte die Spurensuche wieder auf die Vergangenheit ausgeweitet werden. Wie im vorangegangen Kapitel beschrieben, gelten auch hier Meditation, Rückführungen oder mediale Hilfe als probate Mittel.

Die nachhaltigsten Auswirkungen auf gegenwärtige Leben haben meist die Ordensgelübde der großen Weltreligionen, die in früheren Leben abgelegt wurden. Bevor Sie auf eine große, umfangreiche Seelenreise mit Hilfe anderer Personen gehen, empfehle ich bewusste Eigeninitiative. Zum Ende dieses Kapitels finden Sie ein Beispiel, wie Sie alte Gelübde selbst auflösen können. Diese Auflösungsarbeit macht Sinn, wenn Sie unter Beeinträchtigungen im familiären oder finanziellen Bereich leiden oder ständig Autoritätskonflikte anziehen. Wie wir wissen, gehören die großen Verhinderer von Fülle und Freiheit, nämlich Armut, Gehorsam, Demut und Keuschheit bzw. Ehelosigkeit zu den Glaubensgelübden. Diese religiös besiegelten Versprechen behindern die Loyalität und Freiheit der Seele bis zu dem Tag, an dem wir bereit sind, sie zurückzugeben.

Genauso nachhaltig können die Auswirkungen früherer Gottesverleugnungen oder Verluste von religiösen Überzeugungen auf uns einwirken. Hier haben wir es mit dem genauen Gegenpol der übersteigerten Glaubensbekundung zu tun. Die Verleugnung der göttlichen Existenz in jeglicher Erscheinungsform führt zur extremen energetischen Verdichtung. Ein von früherer Gottesverleugnung beeinträchtigter Mensch kann nicht frei, beschwingt und vertrauensvoll beten. Die alten Urängste, für die Leugnung abgestraft zu werden, behindern nicht nur den inneren Dialog mit der Quelle, sondern verhindern auch das Urvertrauen in das Leben. Auch für diesen Fall finden Sie im Anschluss einen Lösungsvorschlag. Sehr schwierig sind auch die Auswirkungen von alten Seelenverträgen, die existenzverknüpfende Auswirkungen zwischen Personen über die Inkarnationen hinweg auslösen können. Oft sind es auch einfach „nur" Glaubenssätze aus früheren Leben, die uns einmauern. Versuchen Sie selbst den Energien auf den Grund zu gehen, die Ihre Emotionen prägen oder negativ beeinträchtigen. In den sehr behindernden Fällen von negativen Auswirkungen alter Waffenbündnisse und militärischen Fahneneiden werden Sie wohl eher mediale Hilfe von außen brauchen. Sollten Sie davon betroffen sein, könnten große Lebensängste wie übersteigerte Angst vor Krankheit und Tod mitten im Alltag auftreten.

Sehr oft finden sich hier auch die Auslöser von unerklärlich auftretenden melancholischen, fast depressiven Verstimmungen. Meist sind von diesen Verstrickungen betroffene Personen sehr friedliebend, fast konfliktscheu und setzen sich leidenschaftlich für politische oder religiöse Friedensarbeit ein.

Leider gibt es auch häufig extrem gegenteilige Ausbrüche der Seele, die dann den neutralen Weg verlässt und an den rechtsextremen politischen

Rand abrutscht. Unvergessen bleibt mir in diesem Zusammenhang das Schicksal eines jungen Klienten, der sich unglaublich schämte, immer wieder Interesse für braunes Gedankengut zu empfinden, auch wenn er sich nie zu irgendwelchen Handlungen hinreißen ließ. Der Leidensdruck war extrem, weil er im Außen Anhänger einer großen Menschenrechtsorganisation ist und aus tiefem Herzen seine spirituelle Heimat im Buddhismus sucht.

Der mediale Blick nach hinten, den ich auf seinen Wunsch hin einsetzte, brachte des Rätsels Lösung; er starb im früheren Leben in den Kriegswirren des 2. Weltkriegs. Der Tod ereilte ihn unerwartet, außerhalb der Frontlinie in der braunen Uniform des Dritten Reiches. Er hatte keine Zeit zur Aufarbeitung der fehlgeleiteten Ideologie. Die Zeit zwischen der vergangenen und der neuen Inkarnation im Licht der Geistigen Welt war nicht ausreichend, einfach zu kurz, um alle Konflikte zu überwinden. Gemeinsam konnten wir diese Bürde der Seele verabschieden und ins Licht transformieren. Seine Erleichterung über das neue unbeschwerte Leben ist nachvollziehbar. Die Wege unserer Seelen sind so bunt und vielfältig wie das Leben selbst.

Wir sind auf diese Lebensbühne freiwillig zurückgekehrt, um unsere Rollen aufzuarbeiten und neue Stücke selbst zu schreiben. Bleiben Sie Ihren persönlichen Heilgeheimnissen, den Botschaften Ihrer Seele auf der Spur!

Vorschläge zur Auflösung von religiösen Gelübden:

Jeden Abschnitt des folgenden Textes bitte 3x laut aussprechen!

Ich (Vor- und Zuname) bitte um die Unterstützung der göttlichen Quelle, meiner spirituellen Helfer und Lichtwesen aus der Geistigen Welt und der Erzengel.

Ich bitte um Schutz und Führung aus dem kosmischen Christusbewusstsein und den Segen des Heiligen Geistes.

- Ich bitte um die Aufhebung aller von mir geleisteten Gelübde

- Ich bitte um die Auflösung der Folgen aller geleisteten Gelübde

- Ich bitte um die Aufhebung meiner geleisteten Versprechen wie Armut, Keuschheit und Gehorsam

- Ich bitte um die Aufhebung aller selbstgewählter Einschränkungen

- Meine Liebe zur göttlichen Quelle kann ich nun in Freiheit leben! Danke!

Ego me absolvo.

Auflösung von Gottesverleugnungen und Glaubensverlusten:

Jeden Abschnitt des folgenden Textes bitte 3x laut aussprechen!

Ich (Vor- und Zuname) bitte um die Unterstützung der göttlichen Quelle, meiner spirituellen Helfer und Lichtwesen aus der Geistigen Welt und der Erzengel.

Ich bitte um Schutz und Führung aus dem kosmischen Christusbewusstsein und den Segen des Heiligen Geistes.

- Ich bitte um die Aufhebung aller Gottesleugnungen aus früheren Inkarnationen

- Ich bitte um Aufhebung der daraus resultierenden Verdichtung meines Energiekörpers

- Ich bitte alle von den Auswirkungen meiner Leugnung betroffenen Seelen um Vergebung

- Ich gestehe mir zu, fortan in gesundem Gottes- und Lebensvertrauen meine spirituelle Freiheit zu leben

- Ich bitte um die Aufhebung aller von mir selbst verursachten Einschränkungen! Danke!

Ego me absolvo.

Deine Aufgabe ist es nicht, nach Liebe zu suchen,
sondern einfach alle Hindernisse aufzuspüren,
die Du der Liebe in den Weg gestellt hast.

Rumi

6. Die heilende Kraft der Vergebung

Ein gutes Stück auf der Reise zu den Heilgeheimnissen unserer Seele liegt nun hinter uns. Doch die Reise geht weiter, egal wie viel wir nun bereits angeschaut, erkannt oder erlöst haben, denn der rote Faden ist lang und endet erst am Ziel unserer Reise. Viel Ballast haben wir ja nun schon abgeworfen, doch der Rucksack, der auf unseren Seelen lastet, hält meistens noch verborgene Nebenfächer bereit. Aber was hat Vergebung mit Heilung oder gar der Entstehung von gesundheitlichen Störungen zu tun?

Die meisten meiner Klienten fühlen sich von der Spurensuche im Bereich unerlöster Emotionen durch verdrängte Vergebungsarbeit nicht angesprochen. Das Hauptargument liegt auf der Hand, wieso soll ich noch weiter nachgeben, ich bin doch das Opfer! Häufig wird der Verdrängungsprozess schon so lange praktiziert, dass es den Betroffenen schwer fällt, sich an ihre offenen Rechnungen auf dem Vergebungskonto zu erinnern.

Besonders häufig treffe ich auf die Variante der oberflächlichen Vergebung, die nicht selten ausschließlich der kühlen Verstandesebene entsprungen scheint. Diese kopfgesteuerten Regelungen werden meist um des sogenannten lieben Friedens willen gewählt, sind aber noch nicht einmal halbherzig und somit emotional wertlos.

Wahre, befreiende Vergebungsarbeit muss aus vollem Herzen in Verbindung mit der Überzeugungskraft des Verstandes und in der Haltung des offenen, bewussten Geistes erfolgen. Wenn wir versuchen, uns um die eine oder andere Vergebung auf unserem Lebensweg herumzumogeln, werden wir uns früher oder später in einer Sackgasse verlaufen.

Da wir wie bereits festgestellt energetische Wesen sind, unterliegen wir logischerweise auch den energetischen Gesetzen. Das Resonanzgesetz, das Prinzip der Anziehung ist einer der stärksten Wirkmechanismen in unserem Menschenleben. Es ist absolut unbestechlich und wirkt wie ein großer Magnet. Seine Zuverlässigkeit entspricht in etwa der gleichen Wahrscheinlichkeitsrate wie es beim Absturz eines frisch gestrichenen Marmeladenbrötchens geschieht, welches mit fast 100%iger Treffsicherheit mit der Marmeladenseite auf dem Boden aufschlägt.

Im Fall des Frühstücksbrötchens lässt sich das Missgeschick relativ leicht und schnell mit einem Lappen wegwischen. Doch wie sieht es aus, wenn wir das Brötchen wären? Wie können wir verhindern, immer wieder den gleichen Gesetzmäßigkeiten scheinbar hilflos ausgeliefert zu sein?

Genau das gleiche Resonanzgesetz, das die Unannehmlichkeiten in unserem Leben erklären kann, ist auch unsere große Chance, aus dem Hamsterrad des ewig gleichen Schicksalsmusters auszusteigen. Wenn wir es schaffen, unsere liebgewordenen Glaubensmuster und Wertungsschablonen abzulegen, gelangen wir in den Raum der Neutralität.

Doch unser Bewusstsein erhöht sich erst dann dauerhaft, um sozusagen automatisiert im höheren Energiefeld zu verbleiben, wenn wir einiges gelöst und erlöst haben.

Wahre, aufrichtige Vergebungsarbeit schützt uns vor dem Abrutschen in eine unterschwellige, diffuse Dauerverbitterung oder chronische Unzufriedenheit. Wenn es uns nicht gelingt, diese Herausforderung zu meistern, tragen wir „emotionale Toxine" in unserem Energiesystem und der physische Körper wird früher oder später unter dem unsichtbaren Toxin leiden und Reaktionen aufzeigen.

Der amerikanische Bürgerrechtler Dr. Martin Luther King drückte dies so aus:

Vergebung ist keine einmalige Sache,
Vergebung ist ein Lebensstil.

Doch wie können wir diesen neuen Lebensstil pflegen und in unser bisheriges Sein integrieren? Der erste Schritt ist unausweichlich, er führt uns in den Raum der radikalen Selbstverantwortung. Aus dieser übernommenen Verantwortung erwächst die Fähigkeit, eine neue Perspektive im emotionalen Selbstportrait zu lancieren.

Wenn wir uns selbst unerbittlich, konsequent erforschen, werden wir mit einer ungeahnten Freiheit belohnt. Wir sind nicht länger das marionettengleiche Opfer, das an unsichtbaren Fäden hängt und andere um Erlösung bitten muss.

Zur spirituellen Unterstützung auf Ihrem Vergebungsweg kann ich aus eigener Erfahrung das große Werk der Weisheit, „Ein Kurs im Wundern“, erschienen im Greuthof-Verlag Freiburg, empfehlen. Die intensive Auseinandersetzung mit dieser Lebensphilosophie in den Jahren 1996 und 1997 möchte ich persönlich nicht missen! Liebe Iris, vielen Dank, dass Du mir diesen Kurs empfohlen hast zu einer Zeit, in der das Werk in Deutschland noch nicht so bekannt war. Seitdem habe ich den Kurs immer wieder dankbar weiterempfohlen, nun auch aus voller Überzeugung im größeren Rahmen!

Der Vollständigkeit halber möchte ich auch den „Großmeister der Vergebung“, Colin Tipping, mit seinem Bestseller „Radikale Vergebung“ erwähnen.

Wenn es auf der Seele brennt und relativ schnell gehen muss, kann ich auch das hawaiianische Vergebungsritual Ho'oponopono empfehlen! Diese Vergebungskultur ist ein Teil des schamanischen Schatzes der hawaiianischen Huna-Philosophie. Erklärtes Ziel dieses Ho'oponopono-Rituals ist die Entfaltung von Aloha, der absoluten, bedingungslosen Liebe. Wie im gesamten polynesischen Raum ist Aloha nicht nur der zentrale Ankerpunkt der Huna-Lehre, sondern ein Lebensstil und vor allem ein Lebensgefühl.

Aus diesem Aloha-Paradies lassen wir uns im Alltag leider allzu oft vertreiben…

In der althawaiianischen Sprache bedeutet Ho'o: machen, auf den Weg bringen, anregen. Pono bedeutet: perfekt, in Ordnung sein, eins sein mit der universalen Ordnung und Urquelle. Ponopono: verstärkt das Pono. Diese Übersetzung verdanken wir dem Autor Dr. Diethard Stelzl, dessen gleichnamiges Buch „Ho'oponopono, Heilung mit der Liebe" ich ebenfalls empfehlen kann.

Die Komponenten dieser Prozessarbeit könnte man nach meiner Erfahrung folgendermaßen zusammenfassen:

1. **Uneingeschränkte Selbstverantwortung (Kuleana)**

2. **Intention, das Störprogramm zu ändern, aussprechen!**

3. **Festlegen der Beteiligten und des Themas (Mana O'Koto)**

4. **Auflösung des Störpotentials im Innen und Außen (Aloha)**

5. **Loslassen des Störpotentials (Kalana)**

6. **Dem Gegenüber und sich selbst vergeben (Kala)**

Egal, welchen Weg der Vergebung Sie wählen, der Weg ist das Ziel und jede Reise beginnt bekanntlich mit dem ersten Schritt.

Die wesentlichste Aufgabe besteht darin, auch sich selbst bedingungslos zu vergeben und anzunehmen! Diese radikale Selbstvergebung ist besonders dann dringend nötig, wenn Sie ständig wieder mit Ihren Gedanken in der Vergangenheit kreisen und alte Fehler bereuen. Dieses, den verlorenen Chancen und alten Wunden der Fehlentscheidungen nachzuweinen, erzeugt im Energiekörper eine fatale energetische Dichte, die sowohl die Chakren als auch die Meridiane in ihrer Funktion beeinträchtigen. Ganz zu schweigen von den bereits erwähnten emotionalen Toxinen, was durch ständige unterschwellige Trauerarbeit bis hin zu depressiven Verstimmungen führen kann.

Das gleiche gilt natürlich auch für das, was wir im Nachhinein betrachtet anderen angetan haben durch unser Fehlverhalten. Sehr oft betrachte ich bei meinen Klienten, dass sie insbesondere dann in Krankheitsbildern förmlich steckenbleiben, wenn sie nicht in der Lage waren, sich selbst freizusprechen. Die körperlichen Beeinträchtigungen werden dann oft, natürlich unbewusst, als vermeintliche Strafe, einem Bußgang gleich, getragen. Doch das ist nicht im Sinne der Schöpfung und der göttlichen Quelle, keine Schuld vermag sich der Vergebung entziehen.

Dieses angeborene Recht auf Vergebung verdanken wir dem Licht der göttlichen Gnade, dessen Teil wir sind, und Jesus Christus von Nazareth. Dieser Meister des Lichts, der Liebe, Heilung, Weisheit und Vergebung, hat es uns nicht nur vorgelebt, sondern ist in Vollendung seines Werkes für uns die Via Dolorosa gegangen und stellvertretend für die gesamte Menschheit den Erlösungstod am Kreuz gestorben. Vertrauen Sie sich ihm im inneren Dialog der Seele an, Sie werden spüren, wie Sie wieder Aufwind fühlen, der Ihnen neue Flügel verleiht!

Genießen Sie Ihr Menschsein in vollen Zügen, lieben und vergeben Sie Ihrem Nächsten wie sich selbst. Willkommen in der Leichtigkeit des Seins, einem weiteren Heilgeheimnis der Seele!

Denn so ihr den Menschen ihre Fehler vergebet, so wird euch euer himmlischer Vater auch vergeben.
Wo ihr aber den Menschen ihre Fehler nicht vergebet, so wird euch euer himmlischer Vater eure Fehler auch nicht vergeben.

(Matthäus 6, 14-15)

7. Aloha-Feeling oder vom hawaiianischen Schamanismus und der Quantenheilung

Einem Aspekt der Huna-Philosophie, dem Ho'opo-nopono-Ritual, haben wir uns ja bereits angenähert, doch Huna kann und ist mehr! Diese polynesische Weisheitslehre ist die Wurzel vieler moderner Mentalheilungstechniken und die Urmutter des positiven Denkens. Eigentlich ist dies genauer betrachtet und von noch weitreichenderer Bedeutung die Quelle des positiven Lebensgefühls, der emotionalen positiven Wahrnehmungsfähigkeit und somit auch ein Schlüssel zu innerem Reichtum und Fülle.

Die Philosophie der Kahunas, der polynesischen Schamanen, ist wesentlich älter als das Christentum und verfügt über ein eigenes, heilendes morphisches Feld. Huna ist ein probates Mittel zur bewussten Schicksalslenkung und Aktivierung der Selbstheilungskräfte. Huna ist Aloha, gelebte Liebe in Aktion. Den Zugang in unsere westliche Welt und deren Wahrnehmung verdanken wir dem amerikanischen Sprachforscher Max Freedom Long, der 1922 nach Hawaii kam und dort auf Dr. William Tubbs traf. Dieser war damals Kurator des Bishop-Museums in Honolulu und übergab sein umfangreiches Forschungswissen, Ergebnis der vierzigjährigen Erforschung polynesischer Traditionen, an Max Freedom Long.

Es gilt heute als sehr wahrscheinlich, dass diese polynesische Weisheitslehre sich bereits ca. 180 Jahre vor Christus ihren Weg bis in den östlichen Mittelmeerraum gebahnt hat. Dort waren zu dieser Zeit die Essener und deren Tempelschulen ansässig. Inzwischen gilt es als relativ gesichert, dass der größte Heiler aller Zeiten, Jesus, auf der Essener-Tempelschule des Karmel ausgebildet wurde.

So können wir davon ausgehen, dass deren von Huna geprägtes und genährtes Wissen wiederum Einzug in die Überlieferungen der Evangelisten fand. Diese Spuren können Sie in Max Freedoms Werk „Die verborgene Lehre Jesu" nachlesen.

Weitere Verbreitungswellen der Lehre verdanken wir ebenfalls den Essenern; eine Spur zieht sich über Indien und Malaysia bis Indonesien, eine weitere von Samoa über die Markeser Inseln nach Hawaii. Dort konnte Huna relativ unbeschadet die Jahrhunderte überdauern und kann uns noch heute als wertvolle Stütze in unserem spirituellen Alltag zur Seite stehen.

An dieser Stelle möchte ich mich in tiefer Dankbarkeit im Andenken an Henry Krotoschin verneigen. Er war einer der ersten Autoren zum Thema im deutschsprachigen Raum und Leiter der Huna-Research Association Europa. Ende der 90er Jahre durfte ich einige Gespräche mit ihm führen, die mich bis heute tief beeindrucken. Besonders wertvoll war für mich ein Telefonat, in dem wir unsere Erkenntnisse über die Essener ausgetauscht haben.

Versuchen wir, das Huna-Heilgeheimnis und das Aloha-Feeling genauer zu ergründen. Für einen hawaiianischen Kahuna bedeutet Aloha gleichermaßen Liebe, Frieden, Freundlichkeit und Zuneigung. Aloha ist Begrüßung und Verabschiedung, Aloha heißt, Gott hat uns die Liebe geschenkt und ein Kahuna ist bestrebt, Aloha zu sein, zu leben und aus Aloha zu handeln. Diese Achtsamkeit und das bedingungslose Mitgefühl kennen wir auch aus dem Buddhismus.

Die Hauptprinzipien des Huna möchte ich Ihnen noch in Kurzform mit auf den Weg geben:

Aloha:
Die eigentliche Essenz der Urquelle – die bedingungslose, bewertungsfreie Liebe leben, Geist vom Geiste, Licht vom Licht!
Das Leben segnen!

Kala:
Es gibt keine Grenzen! Alles ist mit allem verbunden.

Makia:
Die Energie folgt der Aufmerksamkeit! Richten Sie den Fokus auf das, was Sie in Ihr Leben einladen möchten! Die Energie wird folgen.

Manawa:

Jetzt ist der Moment der Macht. Der jetzige Augenblick ist der einzige Ausgangspunkt, den wir haben, um auf unsere Kraft wirksam zuzugreifen! Leben, handeln und heilen im Hier und Jetzt! Mana - die Macht der Schöpfungskraft! Die Kraft, die von innen kommt, die uns zum Schöpfer unserer Realität erhebt.

Pono:

Die Wirksamkeit als Maß der Wahrheit. Real ist, was funktioniert, ob es sein kann oder nicht!

Ho'oponopono:

„Richtig-richtig machen" oder die göttliche Ordnung wieder herstellen.

Doch der wesentlichste Schatz liegt für mich in der Kahuna-Überlieferung des Aka-Feldes und dem Wissen um seine Bedeutung. Aka ist das hawaiianische Wort für Essenz, Gewebe und Geflecht. Die dahinterliegende Botschaft lautet: Alles ist mit Allem verbunden und vernetzt.
Die Fäden, die alles verbinden, werden als Aka-Fäden bezeichnet. Die Vorstellung der polynesischen Naturvölker war anscheinend von den feinen Fäden eines Spinnennetzes inspiriert. Diese Aka-Fäden verbinden uns im Sinne der Huna-Philosophie nicht nur mit Menschen, sondern auch mit der gesamten Schöpfung und mit allen Ereignissen auf unserem Schicksalsweg.

Die Befreiung von traumatischen Erlebnissen erfolgt dementsprechend durch das bewusste Auflösen bzw. Durchtrennen von diesen Aka-Fäden.

Dieses Aka-Feld wird auch als das neutrale Feld der Mitte verstanden. Es ist der Raum des Ruhens in Gott, der grenzenlosen Stille, des Verharrens in ewigem Sein. Eben das absolute Null-Punkt-Feld! In diesem Feld können wir uns ohne Widerstand, von Resonanzen befreit, ohne jegliche Polarität erfahren.

Diesen Zustand des befreiten, ultimativen Bewusstseins benötigen wir auch als Ausgangspunkt für unsere Heilungsarbeit. Hier finden wir die Parallelen zur Quantenheilung, insbesondere zur 2-Punkt-Methode. Die modernen Quantenheilungsmethoden verdanken wir den „Entdeckern" Dr. Frank Kinslow und Dr. Richard Barlett, deren Bücher ich nur wärmstens empfehlen kann. Beide, insbesondere Dr. Barlett, Begründer von Matrix-Energetics, machen jedoch keinen Hehl daraus, auch oder gerade von Huna inspiriert zu sein. Das Gleiche gilt auch für viele moderne Selbsthypnose-Heilmethoden wie Theta-Healing und andere.

Wie Sie unschwer erkennen können, unser roter Faden der im kollektiven Bewusstsein der Menschheit verankerten Wissensschätze führt uns auch hier zuverlässig in die Neuzeit. Die moderne Quantenphysik ist der Pate des Quantenheilens. Letztendlich auch ein mögliches Beweismittel. Es ist eine unbestrittene Erkenntnis, dass

Quanten, kleinste denkbare Teilchen, ihr Verhalten in der Versuchsanreihung ändern je nach Betrachter. Sie verhalten sich entweder wie Partikel oder wahlweise wie Wellen. Das Bewusstsein des Beobachters entscheidet über deren Reaktion. Die Erklärung dafür liegt wohl darin, dass im kleinsten Atom zu 99,9999% leerer Raum, eine Art Vakuum, vorherrscht. Hier begegnen wir wieder unserem nicht informierten Raum, dem Null-Punkt-Feld. Letztendlich bestätigt die Quantenphysik, dass alles im Universum nur aus Energie besteht. Diese Energie wiederum können wir auch als göttliche Matrix - das große göttliche Informationsfeld - verstehen. Das Ziel der Anwendung von Quantenheilungsmethoden unterscheidet sich in keiner Weise von dem der hawaiianischen Schamanen und aller anderen Heiler, die sich geistiger Heilmethoden bedienen. Es gilt letztendlich „nur" die universelle, göttliche Ordnung, das Heil-Sein wiederherzustellen. Das eigentliche Geheimnis bzw. die Heilkunst besteht darin, die nötige Bewusstseinsqualität, das absolute Verharren im reinen Bewusstsein zu erlangen. Dieses absolute Ego befreite Sein in der Neutralität, dem Vakuum des Null-Punkt-Feldes, ist der unausweichliche Ausgangspunkt, der allen spirituellen Heilungen zugrunde liegt. Diesen Zustand des absoluten Bewusstseins müssen wir natürlich nicht pausenlos im Alltag aufrecht erhalten. Doch unsere Bewusstseinsqualität im täglichen Leben sollte so achtsam wie möglich ausgerichtet sein, um dann relativ leicht und mühelos für Heilsitzungen im höchsten Bewusstseinsniveau abrufbar zur Verfügung zu stehen.

Nachfolgend eine kurze Anleitung zur Durchführung einer Heilarbeit in Anlehnung an die 2-Punkt-Methode. In dieser Anwendungsform finden Sie die bereits erwähnten Heilungshelfer, unsere Engel, wieder. Durch die Anrufung eines oder mehrerer Engel können Sie auch ohne monatelanges Training relativ schnell ihr Bewusstsein anheben und erste positive Heilerfahrungen sammeln.

Eigenbehandlung in Anlehnung an die 2-Punkt-Methode der Quantenheilung:

1. Wählen Sie einen Erzengel aus, der sich für Sie stimmig anfühlt und bitten Sie ihn um Führung und Geleit!

2. Tauchen Sie ein in das Feld reiner Bewusstheit und göttlicher Liebe.

3. Formulieren Sie Ihr gesundheitliches Anliegen, energetische oder körperliche Störungen, die Sie positiv verändern bzw. harmonisieren möchten.

4. Legen Sie intuitiv eine Hand auf eine Stelle Ihres Körpers.

5. Führen Sie die 2. Hand auf einen Punkt im Energiefeld Ihres Körpers, ca. 30 bis 50 cm von Ihnen entfernt.

6. Gehen Sie in Ihre Herzenergie, fühlen Sie bewusst beide Hände.

7. Bewegen Sie nun ganz langsam die 2. Hand Richtung Körper, Sie werden eine Wellenbewegung oder ein Energiefeld wahrnehmen.

8. Bedanken Sie sich bei Ihrem Engel und der gött-
    lichen Heilenergie, folgen Sie Ihrem natürlichen
    Heilimpuls und beenden Sie die Energieüber-
    tragung mit Aufhebung der Handpositionen,
    wenn es sich richtig anfühlt.

9. Gönnen Sie sich im Anschluss noch eine kleine
    Ruhepause und trinken Sie ein Glas Wasser oder
    eine Tasse Tee.

Besonders effizient wirken diese und andere energetische Anwendungen, wenn Sie im Vorfeld auf den
Genuss von Fleisch, Nikotin und Alkohol verzichten.
Der beschriebene Handlungsablauf eignet sich auch
um Anliegen im zwischenmenschlichen Bereich, zum
Beispiel um Konflikte aufzulösen! Tauchen Sie ein in
den Raum der Stille und segnen Sie die kleinen und
großen Wunder auf Ihrem Weg!

*Nicht was wir erleben, sondern wie wir empfinden,
was wir erleben, macht unser Schicksal aus.*

Marie von Ebner-Eschenbach

8. Wirksames Beten, zwischen Macht und Ohnmacht des Glaubens

Wenn wir uns mit dem Geheimnis der geistigen und spirituellen Heilmethoden auseinandersetzen, ist dies ohne die Betrachtung religiöser Aspekte eigentlich nicht vorstellbar.

Wir alle sind getragen vom Netz der alles umspannenden göttlichen Liebe. Wahre Heilung erfolgt aus und in dem Feld der göttlichen Schöpfung, egal, ob wir es wie im vorherigen Kapitel betrachtet Aka-Feld, göttliche Matrix oder Null-Punkt-Feld nennen. Für mich ist es der Gott nach christlicher Vorstellung, doch er ist auch der Gott der anderen Gläubigen, möge es Allah sein, mögen es die indischen Götter oder Buddha sein, die heilen.

Vielleicht fühlen Sie sich innerlich erfroren oder erstarrt, reisen nach Hawaii und treffen dort auf die Feuergöttin Pelé. Wenn Sie geheilt nach Hause zurückkehren, glauben Sie vielleicht, Pelé hätte Sie aus dem Eis Ihrer erstarrten Emotionen „herausgeschmolzen". Nichts liegt mir ferner als die Beurteilung oder gar Bewertung von Gottesbildern.

Wir sprechen doch alle von demselben energetischen, morphischen Feld der absoluten Neutralität! Wie könnte ich es wagen, die Neutralität zu beurteilen…

Häufig werde ich von Klienten mit religiösen Zweifeln oder Fragen konfrontiert, insbesondere dann, wenn bereits die Verbitterung ihren Einzug gehalten hat. Immer wieder sind es die uralten Glaubenskonflikte, die zu der verständlichen Frage führen, warum ich? Wieso bin gerade ich erkrankt? Ich habe doch gar nichts Unrechtes getan, ich bete doch regelmäßig und so weiter…

Doch hier möchte ich daran erinnern, dass Krankheiten grundsätzlich nicht als Strafe gedacht sind und somit auch nicht als solche zu bewerten sind. Sie sind unausweichliche Lebensthemen und Herausforderungen; jeder lebende Organismus kann nun einmal Beeinträchtigungen erfahren, aber diese sind und sollten wertungsfrei bleiben. Genauso häufig begegne ich den sogenannten Atheisten, die sich selbst als solche bezeichnen, meist nicht ohne Stolz. Insbesondere die junge Intellektuellengeneration scheint der Überzeugung zu erliegen, dass Bildungsniveau und Glaube nicht zusammenpassen.

Im Angesicht des Elends auf unserem Planten mit Hunger, Kriegen, Verfolgung und unzähligen Naturkatastrophen mag man allerdings kurzfristig geneigt sein, für die Ablehnung des Glaubens Verständnis aufzubringen. Schwierig wird es nur, wenn ein „selbsternannter", von einer Erkrankung gezeichneter Atheist mich befragt, ob das nun die Quittung für seine Glaubenslosigkeit sei. In dieser Situation befand ich mich schon einige Male… Zuerst stelle ich dann die große Gegenfrage: Können Sie aufrichtig lieben, gibt es Menschen in Ihrem Leben, die Ihnen am Herzen liegen?

Natürlich wird diese Frage grundsätzlich bejaht, in der weiteren Folge stelle ich dann immer wieder die gleiche Glaubensdiagnose. Sie sind kein echter Atheist! Ein Mensch, der nicht aus der Liebe gefallen ist, kann auch nicht aus der Liebe Gottes fallen! Gott wertet nicht, in der absoluten Neutralität der bedingungslosen göttlichen Liebe haben der gläubige und der ungläubige Mensch den gleichen Stellenwert.

Die Wertung bzw. Abwertung der Nicht- oder Andersgläubigen erfolgt durch die theologischen Interpretationen der Religionen, nicht durch Gott!

Gott selbst ist Liebe, die Wege, auf denen wir zu ihm finden, sind uns überlassen, mit der Quelle sind wir sowieso über unsere Herzen verankert.

Ein wesentlicher Aspekt, der mich überhaupt dazu führt, Glaubensfragen zu kommentieren, liegt eben genau in diesem Umfeld verborgen. Viele gesundheitliche Blockaden entstehen nun einmal aus tiefen religiösen Verletzungen, nicht selten bereits in der Kindheit. Ich erlebe es immer wieder, wie Klienten hin- und hergerissen sind zwischen ihrem inneren oft sehr starken Glauben und der erlittenen Schmach aus Kindertagen.

Ein kleines Beispiel kann vielleicht verdeutlichen, was religiös motivierte Abwertungen auslösen können. Sie ticken oft wie kleine Zeitbomben und führen, wenn sie ausgelöst werden, nicht selten zu völlig irrationalen Ausbrüchen. Eine etwa 50 jährige Frau suchte mich wegen unerklärlicher Schmerzen, die durch den gesamten Körper wanderten, auf. Nachdem ich ihr erklärte, dass ich als Heilerin keine Diagnosen stellen darf, sondern lediglich spirituelle Heilenergie übertragen kann, war sie bitter enttäuscht.

Wütend schrie sie mich an, das würde ich ihr nur verweigern, weil sie eine in Sünde und Schande Geborene sei. Die Ärzte hätten sicher auch etwas gefunden, wenn sie gewollt hätten!

Zuerst war ich wie vom Donner gerührt, dann verstand ich die kuriose Situation. Ich bat sie, als die Tränen der Wut wieder getrocknet waren, mir ihr Weltbild zu erklären. Schnell kam heraus, dass sie in einem kleinen katholisch geprägten Ort als lediges Kind einer alleinerziehenden Mutter aufgewachsen war. Das ist nun alles andere als ungewöhnlich, bis auf die Tatsache, dass der konservative, relativ alte Pfarrer des Ortes keine Gelegenheit ausließ, sie zu erniedrigen. Noch immer litt sie unter den Verletzungen der erlittenen Demütigungen und Abwertung. Sie erzählte stolz, wie gläubig sie als Kind gewesen sei und wie gerne sie betete. Doch der Pfarrer kommentierte, als es um die Vorbereitung der heiligen Erstkommunion ging vor den anderen Kindern, er wüsste nicht, ob sie als Kind der Sünde dieses Sakramentes überhaupt würdig sei! Was soll man dazu noch anmerken…

Es ist mir dann in einem längeren Dialog gelungen, die alte Blockade zu lösen und ihr Selbstwertgefühl zu heilen. Den Engeln sei Dank! Wen wundert es, die Schmerzen verschwanden innerhalb weniger Wochen nach der Auflösung.

Wenn wir es schaffen, uns aus unserem Ohnmachtsgefühl zu befreien, sind wir wieder in unserer Stärke und unseren Selbstheilungskräften ein gutes Stück näher. Heilungsblockaden, egal, ob sie in einer konservativen schulmedizinischen oder spirituellen Behandlung auftreten, können auch ein Spiegelbild von Glaubenskonflikten sein. Diese Konflikte können sowohl durch zu große Gottesentfernung als auch durch übertriebenen fanatischen Glauben ausgelöst werden. Eine letzte Betrachtung des Atheismus möchte ich noch einbringen, sie entspricht wohlgemerkt meiner eigenen Beobachtung und keiner wissenschaftlichen Erkenntnis. In meiner Beratungspraxis stoße ich immer wieder auf Menschen, die wie die vorher erwähnte Dame starke Verletzungen des Selbstwertes erfahren haben. Häufig kommen weitere, prägende Erfahrungen dazu, die das Urvertrauen bereits in der Kindheit zerstört haben, dann ist irgendwann das berühmte Maß voll.

Es entstehen zwei weitere typische Gruppen glaubensmüder Persönlichkeiten, die eine sagt unterbewusst trotzig, ich verlasse mich nur noch auf mich selbst, den großen Unbekannten gibt es nicht, die andere sagt, o.k., nicht mehr mit mir, ich glaube nicht an den, der mich im Stich lässt!

Leider geht es dann häufig in die fatale unterschwellige Überzeugungshaltung, Gott bestrafen zu müssen.

Da dies logischerweise nicht funktioniert, erscheint der Glaubensentzug als einzig probates Mittel.

Doch nach meiner Überzeugung als Heilerin funktionieren diese Modelle der scheinbaren Konfliktbewältigung nicht!

Alles was lebt, ist aus Licht und strebt nach dem Licht! Der Versuch das Licht (Gott) als Lebensgrundlage zu leugnen, ist zum Scheitern verurteilt. Wenn die Kraft zum Glauben fehlt, sollte wenigstens versucht werden, über die Meditation in den Raum der Stille einzutreten. Ich möchte niemanden missionieren oder gar zu irgendeinem Glauben zwingen, nichts läge mir ferner! Aber ich möchte daran erinnern, stets die grundlegenden Spielregeln der Ethik einzuhalten. Wer mit den gängigen religiösen Angeboten nicht klarkommt, möge an Huna und Aloha denken.

Doch auch wenn es nicht an der Tiefe und Überzeugung des Glaubens fehlt, kann es passieren, dass Gebete scheinbar ergebnislos verhallen. Wie kann das angehen? Logischerweise fällt es dann im Laufe der Jahre schwer, nicht in eine gewisse Frustration abzurutschen. In der Bibel finden wir ja die Versprechen wie: „Suchet und ihr werdet finden, klopfet, so wird euch aufgetan" (Matthäus 7, 7-8). Da muss doch ein Garantieanspruch abzuleiten sein?

Ganz so einfach ist es leider nicht, unseren freien Willen und den Schöpfungswillen auf einen gemeinsamen Nenner zu bringen. Es gibt jedoch einige Aspekte, die wir beachten sollten, wenn wir wirksam beten möchten.

Grundsätzlich gibt es natürlich keine festen Regeln, die im Gebet zu bedenken sind, wir dürfen uns jederzeit mit allen Anliegen und Gedankengängen direkt an Gott wenden. Die wichtigste Voraussetzung für ein gelungenes, wirksames Gebet liegt in uns selbst verborgen. Es gilt, egal, wie emotional aufgewühlt wir auch gerade sein sollten, stets im inneren Selbstwertgefühl verankert zu sein. Das heißt noch genauer ausgedrückt: Wir selbst müssen es uns wert sein, das zu erhalten, worum wir bitten. Die Zeiten, in denen wir uns als kleine, bedürftige Menschlein fühlen sollten, sind vorbei. Wir sind heute ausreichend aufgeklärt, um zu verinnerlichen, dass wir Gott mit jedem unserer Anliegen begegnen können, ohne auf die Vermittlung von scheinbar mächtigeren Fürsprechern wie Priestern, Pastoren oder anderen angewiesen zu sein.

Wir sind nicht ohnmächtig, wir sind Wesen aus Licht und Energie, getragen von Gottes Liebe, wie könnten wir da ohne Macht sein?

Wenn wir uns an Gott wenden, nehmen wir mit unserem Gebet den Dialog mit dem Feld der absoluten Liebe und Neutralität auf, das heißt, wenn wir das Resonanzgesetz hinzuziehen, dann sollten auch wir auf dieser Wellenlänge „funken". Bevor wir mit unserem Gebet beginnen, sollten wir versuchen, mit uns und unserer Situation wenigstens insoweit im Reinen zu sein, dass wir selbst im emotionalen Feld der Liebe stehen. Es macht absolut keinen Sinn, in niedrigen, verdichteten Energien wie Wut, Hass, Groll oder Enttäuschung zu stecken und aus diesem dunklen Feld heraus mit der höchsten und reinsten Energie kommunizieren zu wollen. Natürlich werden wir in unserem Menschsein immer wieder in solche emotionalen Grenzsituationen gelangen, doch es liegt an uns, vorher, bevor wir beten, unsere Emotionen durch eine Meditation zu reinigen. Schließlich würde auch keiner von uns auf die Idee kommen, Gott eine verschmutzte, ungewaschene Hand zur Begrüßung entgegenzustrecken. Wir selbst sollten es uns wert sein, mit gereinigten Emotionen unsere Anliegen zu unterbreiten. Darin liegt meines Erachtens auch ein Teil der Selbstverantwortung, die wir grundsätzlich mit Freude für unser Leben übernehmen sollten. Besonders wichtig ist es auch, trotz der scheinbar gerade dringend zu unserem Glück benötigten Erfüllung unserer Wünsche, dass wir die Dankbarkeit dafür, was wir bereits besitzen, nicht außer Acht lassen. Egal, wie beeinträchtigt wir selbst uns durch manche Situationen fühlen, das größte Geschenk, unser Leben, darf sich niemals unserer Dankbarkeit entziehen. Wenn wir es schaffen, eine innere Lebenskultur der Selbstverantwortung, Liebe und Dankbarkeit in unserem Alltag zu praktizieren, erhöhen wir unsere eigene Schwingung. Diese erhöhte Schwingungsebene ermöglicht uns einen wesentlichen Schritt in die Richtung einer gelungenen Kommunikation mit der göttlichen Quelle. Wir sind dann ausreichend sensibilisiert, unsere Gebete nicht mehr als Einbahnstraßen zu empfinden. Unsere Gebete werden ja letztendlich dadurch erhört, dass wir selbst Hinweise, das heißt Antworten, auf unsere Gebete empfangen.

Diese zarten Töne und Fügungen in unserem Alltag können wir aber nur wahrnehmen, wenn wir nicht vor lauter innerem, emotionalem Getöse taub und blind sind. Das heißt zusammengefasst nichts anderes, als dass Meditation und Gebet untrennbar zusammengehören. Wirksam beten heißt auch, den gereinigten Raum des Empfangens, die nötige Hingabe durch Kontemplation oder Meditation, dem göttlichen Eingreifen in unser Leben zur Verfügung zu stellen. Besonders treffend finden wir diese Erkenntnis bei dem christlichen Mystiker Meister Eckehart formuliert:

Im Gebet spreche ich zu Gott,
in der Meditation spricht Gott zu mir.

Meister Eckehart

9. Gebetsheilung, Kontemplation und heilendes Visualisieren

Auf der Suche nach den Geheimnissen der Heilung haben wir uns ja bereits mit der Gebetskultur beschäftigt. Um aber tiefer einzusteigen in eine spezielle Erscheinungsform des Gebets, möchte ich Sie zu einem Ausflug in die Alpenregionen einladen.

Die Tradition des Abbetens und der oft als Gesundbeter bezeichneten Heiler ist vorwiegend in den alpinen Regionen beheimatet. Die Spuren der Gebetsheiler finden wir nicht nur in Bayern, sondern auch in Österreich und der Schweiz. Häufig ist die Anwendung der Heilgebete nicht nur auf den Mensch beschränkt, das spirituelle Heilen von Tieren, insbesondere dem Nutzvieh, steht ebenfalls in der Jahrhunderte alten Tradition. Gerade in den teils schwer zugänglichen, von Wetterextremen geprägten Regionen war diese Form des geistigen Heilens oft die einzige Säule der gesundheitlichen Versorgung im Alltag.

Die Ärzte lebten häufig weit weg in größeren Orten und waren für die meist eher ärmliche Landbevölkerung oft unerschwinglich teuer. Heutzutage im Angesicht der gut ausgebauten, touristisch geprägten Infrastruktur des Alpenraumes mögen sich diese vergangenen Zeiten unserer Vorstellungskraft entziehen. Doch das spirituelle Heilerbe hat den Sprung in die Neuzeit geschafft. Heute bezeichnen sich viele der regionalen Heiler selbst als Alpenschamanen.

Das alte Heilwissen, das neben dem altbewährten, von Generation zu Generation übermittelten Heilgebeten auch über einen unglaublichen Schatz an Pflanzenheilkunde verfügt, lebt! Die Gebetsheilung ist häufig begleitet von anderen energetischen Heilanwendungen wie dem Handauflegen oder dem sogenannten „Einrenken".

Das sanfte wieder in die ursprüngliche Position Zurückgleiten verschobener Wirbel ist auch das Ziel der populären modernen Dorn-Methode. Der inzwischen verstorbene Begründer der Methode, Dieter Dorn, stammte aus einer ländlichen Region, dem Allgäu. Ich selbst habe lange Jahre in der Allgäu-Bodensee-Region gelebt und sie als eine Art Hochburg des volkstümlichen Heilens, Handauflegens und Einrenkens zu schätzen gelernt.

Eine sehr spezielle Form des Abbetens, das sogenannte „Brandlöschen", ist mir selbst eigentlich nur aus dem Allgäu bekannt. Die sogenannten Brandlöscher sind Gebetsheiler, die sich speziell auf die Behandlung bzw. spirituelle Begleitung von Brandverletzungen ausgerichtet haben.

Die erzielten Resultate von solchen Gebetsbegleitungen sind für uns im heutigen Zeitalter eher als unfassbar zu bezeichnen und stellen eine echte Konkurrenz zur Wiederherstellungschirurgie dar. Diese spezielle Form der Gebetsanwendung wird wie alle anderen

Gebetstechniken und Heilrituale meist innerhalb der Familie an die nachfolgende Generation übergeben. Wenn der oder die HeilerIn fühlt, dass es Zeit wird, die Wissensschätze weiterzureichen, bitten sie um Führung, die geeigneten zukünftigen Hüter der Heilgeheimnisse zu finden. Leider ist es ein Phänomen der heutigen Zeit, dass nicht immer eine Nachfolge in der eigenen Familie gefunden wird.

Die Übergabe der Heilgebete erfolgt traditionell in der Regel erst einmal mündlich, das heißt, der oder die alten Heiler besprechen ihren Nachfolger mit dem Gebetsschatz. Dieser Vorgang hat eine regelrechte, hypnotische Wirkung und sackt relativ schnell und ungefiltert tief in das Bewusstsein der zukünftigen Anwender.

Der zweite Schritt ist dann die schriftliche Überlieferung, die wichtigsten Gebete und Heilrituale werden diktiert, meist von unzähligen guten Ratschlägen begleitet. Die neuen Heiler sind nun angehalten, den Schatz erst einmal zu bewahren und in sich selbst wachsen zu lassen, im Sinne einer Verankerung. Es gilt der ethischen Anforderung des spirituellen Erbes gerecht zu werden. Das heißt, in erster Linie das alte Wissen um seiner selbst willen zu achten und zu ehren, aber auch sich seiner würdig zu verhalten, insbesondere keinen sensationslustigen Missbrauch damit zu treiben. Jetzt werden Sie sich fragen, warum ich glaube, diese Wissensvermittlung beschreiben zu können…

Des Rätsels Lösung ist relativ naheliegend. Ich selbst durfte bereits zweimal Gebetssammlungen und einige Male spirituelle Schätze übernehmen. Die erste Wissensvermittlung erfolgte, als ich Anfang 20 war und zuerst einmal einordnen musste, von welcher Tragweite dieses Ereignis war. Ehrlich gesagt war ein längerer Verarbeitungsprozess nötig, um zu begreifen, dass dieses Wissen nicht von meinem Verstand kommentiert werden sollte, und der Versuch, es zu verstehen, mich von der ursprünglichen Weisheit des Wissens erst einmal entfernte. Doch die Zeit heilt bekanntlich nicht nur Wunden, sondern sie lässt auch die Erkenntnisse reifen. Heute schätze ich mich glücklich und mit innerem Reichtum gesegnet, solche Schätze archivieren zu dürfen. Längst habe ich gelernt, dass die Kunst des Abbetens eine Wissenschaft des Herzens ist und nur aus diesem Herzwissen heraus verstanden werden kann. Die erfolgreiche Anwendung von Heilgebeten ist wie alle anderen spirituellen Heilmethoden nicht aus dem Verstand heraus, sondern aus dem Herzen zu praktizieren.

Wenn Sie selbst zukünftig Heilgebete in Ihr Leben integrieren möchten, das heißt, eigenständig mit Gebetsheilung arbeiten, ist dies ein realistischer Wunsch. Die Zeiten sind heute offener und durchlässiger geworden, Heiler und angehende Gebetsheiler brauchen sich nicht mehr bedeckt zu halten, um ihr Wissen eher geheim weiterzugeben. Ist der innere Wunsch zu heilen erst einmal gereift, werden Sie durch die Führung Ihres höheren Selbst die nötigen Informationen anziehen. Sie werden zur rechten Zeit am rechten Ort sein, um entweder Menschen kennen zu lernen, die Ihr Wissen bereichern oder durch Fügung die geeigneten Bücher anziehen. Wir dürfen nicht vergessen, dass bei aller Liebe zur Tradition jeder dieser Heiler selbst einmal angefangen hat. Grundsätzlich möchte ich noch erwähnen, dass die alten überlieferten Gebete sich häufig sehr ähneln. Es ist davon auszugehen, dass sie auch früher schon ausgetauscht oder abgeschrieben wurden. Einige dieser Gebetstexte wurden im Laufe der Zeit leicht abgewandelt, was der Wirksamkeit jedoch in keiner Weise schadet. Wie im vorherigen Kapitel bereits betrachtet, ist die innere Haltung und Überzeugung ausschlaggebend, der Text ist eher als sekundär wirkkräftig einzustufen. Wie in allen anderen Bereichen des Lebens geht es auch hier in erster Linie um Geduld und ausreichend Zeit für die tägliche Übung. Um selbst erfolgreiche Gebetsheilungen anwenden zu können, müssen wir uns auf den zugrundeliegenden Lebensstil einlassen. Das heißt, wir sollten uns selbst, ohne inneren Zwang Zeit nehmen für den inneren Dialog mit der göttlichen Quelle. Anregungen für die kontemplative Versenkung finden wir in allen Weltreligionen. Besonders geeignet erscheint mir persönlich die christliche Mystik. Im Anhang dieses Buches finden Sie auch zu diesem Thema eine Empfehlung. Die wahre Kontemplation ist im Grunde nichts anderes als die bedingungslose Versenkung in das „Sein", das absolute Verweilen im Hier und Jetzt. Heilungsimpulse können zwar auch in vergangene Ereignisse gesendet werden, der Ausgangspunkt liegt jedoch immer in der Magie des Augenblicks. Letztendlich befinden wir uns in der gelungenen Kontemplation genau in dem gleichen Heilraum der Neutralität, der Nullpunktenergie, versunken im Quantenland der göttlichen Quelle. Im Laufe der Zeit wird es Ihnen zunehmend leichter fallen, auch im Alltagsgeschehen blitzschnell die Bühne zu verlassen und in den Raum des erweiterten Bewusstseins überzuwechseln. In diesem Raum der Stille werden auch die Worte für Ihre eigenen Gebete zu Ihnen finden. Übung macht den Meister… Einige Anregungen möchte ich Ihnen dennoch mit auf den Weg geben. Eine Grundregel zieht sich übergreifend durch alle Gebetsüberlieferungen. Sie beginnen ausschließlich mit der Textzeile: „Im Namen des Vaters" oder „Im Namen Gottes". Diese Regel gilt auch für die oft als Vermittlergebete bezeichneten Anrufungen an die 14 Nothelfer oder die anderen Heiligen. Die Tradition der an die Nothelfer gerichteten Gebete finden wir auch außerhalb der alpinen Regionen. Besonders häufig im hohen Norden unserer Republik, dort begegnen wir der nördlichen Variante des Abbetens, dem sogenannten Besprechen. Ich staune immer wieder über die Ähnlichkeiten der Überlieferungen. Auch hier gilt neben der Grundregel „Im Namen Gottes" die dreifache Wiederholung des Gebetes als Grundvoraussetzung für die Erhörung.

Im Norden wie im Süden gilt auch das obligatorische Amen immer als krönender Abschluss.

Das Amen im Neuen Testament bedeutet glaubensvoll oder fest, sicherlich, gewiss oder wahrlich. Am Ende des Gebets steht ein Amen im Sinne von: „So sei es" oder: „Das ist ganz gewiss", im Sinne von: „So ist es wirklich".

Wir alle kennen viele Aussagen von Jesus, die mit „Wahrlich, wahrlich ich sage euch" beginnen, was im Hebräischen wiederum Amen heißt. Mit diesem Wort Amen verdoppeln wir letztendlich die positive Ausrichtung unseres Gebetes und bezeugen gleichzeitig noch einmal die Tiefe unseres Glaubens, heben alle Begrenzungen zwischen Mensch und der göttlichen Quelle auf, befinden uns einmal mehr im Quantenland. Eine weitere, aus meinem Überlieferungsschatz stammende Regel lautet, zuerst ein Vaterunser und zum Abschluss noch einmal ein Vaterunser!

Das Vaterunser, das wir vor unser Heilgebet stellen sollten, gehört der Überlieferung nach denen, die niemanden haben, die ihrer gedenken, den Armen und Entrechteten, von denen es leider noch viel zu viele auf unserem Planeten gibt…

Das abschließende, dem Heilgebet direkt nachfolgende Vaterunser soll das Heilgebet in seiner Wirkkraft bestätigen und in den Raum der göttlichen Dimension erheben. Mir ist diese Tradition aus gelebter Erfahrung sehr kostbar, weil ich sie als sehr hilfreich empfinde. Die Worte des Vaterunsers erinnern mich zum Abschluss daran, dass ich selbst in die Normalität meines Alltages zurückkehren darf. Es ist nicht mein Wille, der geschehen soll, noch soll man dem Gebet nachhängen, nein, es gilt zu vertrauen und loszulassen! Der Startschuss zur Heilung fällt mit dem ausgesandten Gebet! Aufkeimende Zweifel oder Perfektionsideen im Anschluss sind genauso sinnlos wie der Versuch, die Kugel eines abgefeuerten Schusses durch Hinterherfliegen wieder einfangen zu wollen! Denken Sie daran: Die Gebete unterliegen der Intelligenz des Herzens, nicht dem Zweifel des Verstandes! Nutzen Sie Ihr Kraftpotential lieber für eine weitere mögliche Formulierung zum Gelingen Ihrer Heilgebete…

Visualisieren Sie zu Beginn Ihrer Gebete die Person, für die Sie beten möchten, oder sich selbst, in strahlender Gesundheit und im Vollbesitz der Vitalkraft. Wenn Sie für die Bewältigung einer Ihnen bekannten Erkrankung bitten, können Sie zusätzlich das oder die betroffenen Organe in strahlender Gesundheit visualisieren. Die Technik des Visualisierens muss aber nicht zwingend angewendet werden; es bedarf einiger Übung, sich ihrer sicher zu sein, Heilgebete sind auch für sich eigenständige spirituelle Heilbegleiter!

Nachfolgend möchte ich Ihnen noch zwei traditionelle volkstümliche Nothelfergebete übermitteln und ein von mir im Quantenland spirituell empfangenes, an Jesus gerichtetes modernes Heilgebet.

Ich wünsche Ihnen Zeit und Muße für Ihre eigenen Gebetserfahrungen!

Im Namen Gottes!

Ihr 14 heiligen Nothelfer,
bittet für uns beim Herrn!

Vertreibt Wunden und der Krankheit Weh,
der Schmerz vergeh!

Das Übel werde verbannt,
die Krankheit ward nicht mehr gekannt!

So sei es!

Im Namen des Vaters, des Sohnes
und des Heiligen Geistes! Amen.

Text bitte dreimal wiederholen.

(Traditionelles, volkstümliches Heilergebet)

Im Namen Gottes!

Heiliger Laurentius! Bitte für uns beim Herrn!

Heiliger Helfer der Brandverletzten!

Rette die Haut, die im Feuer stand!

Lösche des Gewebes Brand, vom Fleisch,
das im Wasserdampf und Feuer stand!

Die Auswirkung der Brandverletzung vergehe,
die Gesundheit bestehe!

Verbunden von Deiner heiligen Hand
verhindert der Narben entstellende Schand.

So sei es!

Im Namen des Vaters, des Sohnes und des
Heiligen Geistes! Amen.

Text bitte dreimal wiederholen.

(Traditionelles, volkstümliches Heilergebet, auch als
„Brandlöschergebet" bekannt)

Heilgebet

Im Namen des Vaters bitten wir dich,
Jesus Christus von Nazareth, den ewigen
Kosmischen Heiler! Ermächtige uns, in das
Licht der göttlichen Gnade einzutauchen!
Erlöse uns von karmischen Verstrickungen
und Irrwegen unserer Seelen!

Schenke uns die Kraft, alte Versprechen,
Eide und Gelübde, die unserer Heilung im
Weg stehen, zu erkennen und aufzulösen!

Verbinde uns mit der Heilkraft der
allumfassenden göttlichen Liebe,
lass uns auf deinen Spuren wandeln.

Schenke uns die Kraft der Vergebung,
des Glaubens und der Zuversicht!

Stehe uns bei, unser kreatives Potential zu
erschließen und uns eines Lebens in Freude,
Fülle und Gesundheit würdig zu fühlen.

Öffne unsere Herzen und stelle uns zur
rechten Zeit die Engel an unsere Seite!

In ewiger Dankbarkeit!

Im Namen des Vaters und des Sohnes und
des Heiligen Geistes.

Amen!

10. Mediales Heilen, Aurachirurgie und Lichtbotschaften von drüben

Auf der Suche nach den Geheimnissen der Heilung sind wir dem roten Faden nicht nur durch die Jahrhunderte gefolgt, im Rahmen unserer Auseinandersetzung mit den geistigen, heilenden morphischen Feldern wurden wir bereits zu Grenzgängern.

Wir haben uns in den Raum der Stille begeben, um die Verbindung mit der göttlichen Quelle zu stärken und unsere Erfahrung der lichten Seite des Seins gepflegt. Unser Bewusstsein verbindet unser physisches Menschsein mit eben dieser Lichtebene, unserer zweiten geistigen Existenzform als Lichtwesen. Der Betrachtung dieser feinstofflichen Ebene unseres Seins haben wir bereits Beachtung geschenkt, doch wie steht es um die sogenannte Geistige Welt, mit der wir uns ja in Interaktion befinden?

Wer oder was erwartet uns dort? Betrachten wir diese geistige Ebene, die für uns so viele Geschenke, Informationen und Heilgeheimnisse bereithält. Unter dem Begriff Geistige Welt verstehen viele von uns in erster Linie das Jenseits und seine Sphären. Doch die Geistige Welt - denken wir wieder an die morphischen Felder - hält viele Lebensräume für verschiedenste Lichtexistenzen bereit. Die wichtigste übergeordnete Ebene ist natürlich die des göttlichen Schöpfers, dicht gefolgt von der Ebene des Sohnes, dem Feld der

Christusenergie. Daran anschließend finden wir den Wirkungsraum des Heiligen Geistes, dieser wiederum durchflutet und verbindet gleichermaßen alle Ebenen der Geistigen Welt.

In das morphische Lichtfeld des Heiligen Geistes fällt nach meiner Wahrnehmung auch die bereits besprochene Akasha-Chronik, die Weltenbibliothek, die den Weg aller Seelen aufzeichnet. Über unsere eigene göttliche Matrix, den göttlichen Schöpfungsplan, können wir die feinstoffliche Kommunikation und den Energieaustausch leben. Die nächsten Ebenen oder auch Felder sind ebenfalls fließend und als energetisch strömend zu verstehen. In diesen Sphären treffen wir auf das Wirkungsfeld der Erzengel und Engel. Diesen Bereich der Geistigen Welt finden Sie ausführlich in meinem Buch „Die Engelwelt ist nicht verschlossen" erklärt.

Als weitere Bewohner der Geistigen Welt sind unter anderem auch die Engel der Natur, die oft auch als Naturgeister bezeichnet werden, wie Elfen, Devas und viele mehr anzutreffen. In dem Bereich, den wir oft fälschlicherweise als eigenständig und isoliert verstehen, den wir als Jenseits bezeichnen, finden wir sehr viele geistige Helfer. Das vermeintliche Jenseits ist kein hermetisch abgeriegelter Raum, im Gegenteil, er ist uns bzw. unserem irdischen Lebensraum verhältnismäßig nahe. Eigentlich nur durch den Schleier der irdischen Illusionen von unserem Tagesbewusstsein getrennt. In dieser Sphäre finden wir neben den Verstorbenen auch die geistigen Helfer, die sich selbst erwählt um unser irdisches Wohl bemühen. Als geistige Helfer bezeichnet man die Lichtwesen, die in der Regel eher vielzählige, eigene Inkarnationen hinter sich gelassen haben und nun die Lichtposition in der Geistigen Welt nutzen, um uns zu unterstützen. Nicht zu verwechseln mit den großen Geistführern, die uns meist über Inkarnationsgrenzen hinweg begleiten. Im Laufe unseres Lebens ziehen wir unserem jeweiligen Entwicklungsstand entsprechend auch weiterführende, ergänzende Geistführer an. Diese können wir auch bewusst durch unsere spirituelle Bereitschaft in unser Leben einladen. Eine Besonderheit innerhalb der Geistigen Welt ist das morphische Feld der Heiligen großer Religionen. Diese besonders lichten Wesen gelten als Seelen, die ihr Bewusstsein so weit geschult und ihre Erdenleben bewältigt bzw. gemeistert haben, dass sie nicht mehr inkarnieren werden. Sie sind sowohl mit der geistigen, göttlichen Lichtebene verbunden als auch mit dem jenseitigen Lebensraum der Verstorbenen. Die als Weiße Bruderschaft bezeichneten Aufgestiegenen Meister wie z.B. Saint Germain ist ebenfalls in dieser Kategorie einzustufen.

Eine weitere Besonderheit innerhalb der Geistigen Welt bezeichnen wir als „geistige Ärzte" oder „Geistdoktoren". Hier finden wir aufgestiegene, ehemalige Ärzte, die ihre Mission weiterhin erfüllen möchten. Um aus der Geistigen Welt heraus weiterhin wirken zu können, suchen sie sich unter den Lebenden besonders sensitive, mediale Arbeitspartner, sogenannte mediale Heiler.

Das wohl bekannteste Beispiel hierfür dürfte der Heiler Rubens Faria sein. Während seines wissenschaftlichen Aufenthaltes in Australien versuchte er als Psychologe, Energieheilungen nicht nur selbst zu erkunden, sondern auch für andere verständlich aufzuarbeiten. Er gilt unter anderem als Begründer der Transbio-Energie-Therapie. Diese Therapie beruht auf dem Studium der Bewusstseinsstufen und der Möglichkeit, Realitäten zu beeinflussen und sogar neu zu erschaffen. Weltweite Berühmtheit erlangte er durch seine geistigen Operationen in Brasilien, die er in Volltrance durchführte, von dem im Ersten Weltkrieg gefallenen ehemaligen Militärarzt Dr. Fritz medial angeleitet. Wenn Sie dieser Teilbereich des Heilens tiefergehend interessiert, finden Sie weitere Informationen zu Rubens Faria im Internet.

Die moderne Energiemedizin, insbesondere die Quantenmedizin, bestätigt, dass geistige Heilung, ob mit operativen Eingriffen wie bei Faria oder weniger spektakulär ohne Trance-OP durchaus dem gleichen energetischen Phänomen unterliegt. Es gilt, transformierende, heilende, energetische Informationen in den feinstofflichen Körper des Menschen zu leiten, in der Absicht, Blockaden und negative Programme zu löschen.

Letztendlich sind sich alle Heiler methodenübergreifend inzwischen sicher, dass unser Informationsspeicher, das Gehirn, darüber entscheidet, welche Informationen, schwächend oder stärkend, unseren Körper regieren. Wenn der Betroffene selbst durch ein bereits entstandenes Krankheitsbild zu sehr geschwächt ist oder mit seinen eigenen Themen sehr verstrickt erscheint, ist es ratsam, neue heilende Impulse durch einen Heiler setzen zu lassen. Wohlgemerkt in begleitendem Rahmen zur schulmedizinischen Behandlung!

Unter medialem Heilen versteht man auch die Zuhilfenahme von Lichtenergien, zum Beispiel aus dem Reich der Erzengel-Energien. Aus meiner eigenen, jahrelangen Heilerfahrung kann ich die Wirksamkeit dieser Heilenergieübertragungen nur bestätigen. Besonders wirkungsvoll sind diese und andere spirituelle Heilmethoden, wenn der Heiler oder die Heilerin dank ausgereifter medialer Fähigkeiten in der Lage ist, für den Klienten heilende Informationen direkt aus der Geistigen Welt abzurufen. Ich selbst lege in meiner Heilarbeit stets großen Wert auf die spirituelle Anbindung und geistige Führung, das heißt, ich trete als Mensch einen Schritt zurück, um möglichst egobefreit als Kanal dienen zu dürfen. Diese Vorgehensweise kann ich allen Heilern nur empfehlen.

Ein weiteres Phänomen innerhalb der Welt der geistigen Heilmethoden stellt die Aurachirurgie dar. Hier wird auf den Einsatz realistischer, körperbezogener Eingriffe verzichtet, die Operationen finden auf der feinstofflichen Ebene in der Aura statt. Der namhafteste Vertreter dieser Disziplin dürfte im deutschsprachigen

Raum der Aurachirurg Gerhard Klügl sein. Die von ihm angewandte Technik wurde bereits von mehreren Ärzten nicht nur begutachtet, sondern auch als wirksam eingestuft. Herr Klügl arbeitet größtenteils unter Zuhilfenahme von OP Besteck und medizinischem Zubehör. Doch die sehr realistisch anmutenden organ- und krankheitsbildbezogenen OPs finden nur im feinstofflichen Körperfeld der Aura statt. Auf reale Eingriffe in das menschliche Gewebe wird ausdrücklich verzichtet.

Nicht selten scheint sich auch in seiner Arbeit das Behandlungsbild aus früheren Inkarnationen abzuleiten. Diese Vorgehensweise fällt auch unter die Vielfalt der geistigen Heilweisen, wenn auch zugegebenermaßen etwas spektakulär anmutend. Meiner eigenen medialen Wahrnehmung folgend benötigen wir als Heiler nicht zwingend medizinische Instrumente, um heilend im Energiefeld des Menschen zu arbeiten. Wenn sich ein Heiler jedoch für die Ausübung der Aurachirurgie entscheidet, sollte er wie Gerhard Klügl über ausreichende anatomische Kenntnisse verfügen.

Die Folgen von energetischen Verletzungen in der Aura durch unsachgemäßes Einbringen von scharfen Instrumenten wie Skalpellen, Messer oder Scheren sind nicht zu unterschätzen. Aus meinem eigenen Erfahrungsschatz kann ich die Auswirkung von scharfen Gegenständen wie Messern in der Aura nachvollziehen.

Vor einigen Jahren wurde ich von einer jungen Frau konsultiert, die sich mit Hilfe einer medialen Beratung einen Überblick verschaffen wollte, weshalb sie in ihrer Therapie scheinbar steckenblieb. Sie befand sich in einer qualifizierten psychologischen Betreuung wegen ihrer Angststörungen und Panikattacken in Folge einer innerhalb einer Beziehungstat erlittenen Bedrohung. Die therapeutische Aufarbeitung war eigentlich als gelungen zu betrachten, die Arbeitsfähigkeit war bereits wiedererlangt und auch die wiedergewonnene Lebensfreude schien bis zu dem erlittenen Rückfall zum Greifen nahe. Anstelle der überwundenen Panikattacken und Unruhezustände zeigten sich neue Beschwerden: Unerklärliche Schmerzattacken im Bereich des Brustkorbes und der Arme. Ihren Beschreibungen zufolge erinnerten die Symptome an frischen Wundschmerz, an manchen Tagen jedoch eher an den Spannungsschmerz von schlecht verheilten Narben.

Auf der körperlichen Ebene war keine Erklärung für die Beeinträchtigung zu finden, da sie körperlich unverletzt geblieben war. Doch ich konnte eindeutig größere Stichverletzungen in der Aura im Bereich des Brustkorbes und der Arme wahrnehmen. Der Täter hatte sie, wie ich später zur Bestätigung erfuhr, über einige Stunden hinweg mit dem Messer bedroht und bis auf wenige Millimeter Abstand zur Hautoberfläche am Körper die Stiche in die Aura eingebracht. Durch das wilde, willkürliche Umherschlagen mit dem Messer hatte der Täter einige energetische Korrespondenzpunkte von Muskulatur, Sehnen und Organpunkten wie auch der Meridianbahnen verletzt und zum Teil durchtrennt. Mit Hilfe der Geistigen Welt versorgte ich diese ausschließlich energetischen Wunden, als wären sie auf der körperlichen Ebene angesiedelt. Das heißt, energetisches Anlegen eines Druckverbandes, Tapen und die Bitte um Wundverschluss durch das Einwirken der Geistigen Welt. Die unerklärlichen Schmerzsymptome meiner Klientin verschwanden bereits kurz nach der Behandlung und sind nicht erneut aufgetreten.

Besonders interessant war auch der Fall eines männlichen Klienten, der nach einer harmlosen Routine Knie-OP unter starken Beschwerden litt. Anscheinend wollte die OP-Narbe nicht verheilen und die Blutungsneigung war ebenfalls unerklärlich. Seine Frau bat mich um Unterstützung, das heißt, um meinen medialen Blick auf die Angelegenheit. Von der Geistigen Welt wurde mir eine schwerwiegende Verletzung in einem früheren Leben aufgezeigt, bei der in Folge von Baumfällarbeiten ein großer Ast das Bein des Klienten durchbohrte. Da sich dieses Ereignis zu einer Zeit abspielte, in der die medizinische Versorgung unzulänglich war, verlor er das Bein im früheren Leben ab Kniehöhe und verstarb damals infolge der nicht gelungenen Amputation nur kurze Zeit später durch Verbluten. Ich bat die Geistige Welt und kosmische Heilenergien um die Wundversorgung des früheren Lebens. Dieser Fall war für mich sehr aufregend, weil die überschreitende Arbeit zwischen Aurachirurgie und Heilung von karmischen Verstrickungen für mich in dieser Intensität damals neu war. Der Klient war bereits kurze Zeit nach der energetischen Betreuung beschwerdefrei, glaubt aber im Gegensatz zu seiner Frau bis heute nicht an den vermeintlichen „spirituellen Hokuspokus". Aber das Recht auf persönliche Meinungsfreiheit ist auf seiner Seite und es sollte von jedem Heiler widerspruchslos und in Demut akzeptiert werden.

Ich bin nach wie vor dankbar über alles, was ich in meiner Arbeit lernen darf, insbesondere auch für die Lektionen die mein Ego schulen und unter Kontrolle halten… Die Botschaft, die ich mit diesem Kapitel übermitteln möchte, ist eigentlich kurz zusammen-zufassen! Egal, welcher Art sich die Prüfungen oder Herausforderungen in Ihrem Leben manifestieren, scheuen Sie sich nicht, auf die Hilfe durch die Licht-botschaften der Heilung von drüben zu setzen! Die Geistige Welt wird, wenn Sie um Hilfe und Unter-stützung bitten, jederzeit Mittel und Wege finden, um Sie wohlbehalten durch das Leben zu geleiten!

11. Die Heilkraft der Hände

Bereits zu Beginn unserer Reise auf den Spuren der Heilgeheimnisse haben wir der wohl ältesten Form des energetischen Heilens Beachtung geschenkt. Das Auflegen der Hände in heilender Absicht ist tief verwurzelt in unserem kollektiven Bewusstseinsfeld. Die menschliche Evolutionsgeschichte ist eng verflochten mit der Weiterentwicklung dieser Urform des Geistigen Heilens.

Der Einsatz unserer Hände ist auch im alltäglichen Leben von immenser Bedeutung. Wie nötig wir auf sie angewiesen sind, lernen wir oft erst dann zu schätzen, wenn wir verletzungsbedingt zum Beispiel durch einen Gipsarm erfahren, was es heißt, ein Handicap zu haben. Auch im täglichen Sprachgebrauch spiegelt sich diese Wichtigkeit wider. Wenn wir uns einer Situation ausgeliefert fühlen, sprechen wir davon, dass wir, um unsere Handlungsfähigkeit wieder herzustellen, die Sache besser selbst in die Hand nehmen. Was läge nun näher, besonders dann, wenn es um unser kostbarstes Gut, unsere Gesundheit, geht, unsere Handlungsfähigkeit wiederherzustellen und unsere Selbstheilungskräfte beherzt mit unseren Händen zu reaktivieren?

Doch das Handauflegen ist nicht ganz so einfältig, wie es für nicht sachkundige Betrachter oder Kritiker den Anschein erwecken könnte. Die Methoden des

Handauflegens sind so vielfältig wie das Geistige Heilen an sich. Eines verbindet die verschiedenen Techniken und Traditionen jedoch im entscheidenden Maße: Sie sind wirkkräftiger als unser Verstand es nachvollziehen kann. Ein großer Pionier der neuzeitlichen Varianten des Heilens mit den Händen ist der 1734 am Bodensee geborene deutsche Arzt Franz Anton Messmer. Durch seine Ehe mit Anna, einer geborenen von Eulenschenk, der Witwe des Hofrates Baron von Bosch, verschlug es ihn nach Wien. Dort praktizierte er als Arzt der besseren Gesellschaft und pflegte auch Kontakte zur Familie Mozart. In der Mozartoper „Così fan tutte" wurde ihm ein kleines humoresk-satirisches Denkmal gesetzt.

Messmer erforschte die Anwendung und Wirkungsweise von mineralischen Magneten und gewann aus diesen empirischen Studien Erkenntnisse über den Heilmagnetismus. Inspiriert wurde er durch die englische Society, die sich zu seiner Zeit für die Anwendung mineralischer Magnete begeisterte. Seine wesentlichste Erkenntnis war die, dass sich im menschlichen Körper Eigenschaften finden, die mit denen eines Magneten einhergehen. Er unterschied im menschlichen Magnetfeld (Aura) gleichfalls entgegengesetzte Pole, die sowohl gestört, zerstört oder gestärkt werden können. Durch seine intensive Arbeit mit dem menschlichen Energiefeld gelangte er zu der Erkenntnis, dass seine Heilinterventionen im Interesse seiner Patienten am sinnvollsten über seine Hände erfolgen sollten. Der

Zulauf der Wiener Gesellschaft war nicht mehr zu stoppen und die Kritiker ließen nicht lange auf sich warten, insbesondere die Ärzteschaft konnte sich mit seinem Handauflegen nicht arrangieren. So führte ihn sein Lebensweg nach Frankreich, wo er noch zu Lebzeiten erfahren durfte, dass seine Lehre an über 30 Schulen unterrichtet wurde.

Ein Teilaspekt der Wirkkraft des Handauflegens ist meiner Einschätzung nach noch immer in der von Franz Anton Messmer erforschten Anwendung des Heilmagnetismus zu finden. Durch das Auflegen der Hände erfolgt im Körper eine energetische Ausrichtung, das heißt, auch kleinste Elementarteilchen gewinnen wieder an Ordnung. Durch die wiedererlangte, geordnete Ausrichtung ist die eigene Aufnahme von kosmischer Lebensenergie, des Pranaflusses, für den Empfänger der Behandlung wieder verstärkt möglich. Grundsätzlich ist bei einer energetischen Behandlung durch Handauflegen darauf zu achten, dass die natürliche energetische Polarisierung des Behandlungsempfängers nicht gestört werden darf. Das heißt, in der Regel sollte darauf geachtet werden, dass der Behandlungsablauf vom Kopfbereich zu den Füßen erfolgt. Ein energetisches Ausstreichen der Aura im Rahmen der Heilbehandlung ist ebenfalls vom Kronenchakra bis zum Fußbereich vorzunehmen. Diese menschliche Grundpolarisierung wird erst dann aufgehoben, wenn das Handauflegen innerhalb einer spirituellen Sterbebegleitung erfolgt. Bereits zu Beginn des Sterbeprozesses verändert sich das Magnetfeld der Aura und die Behandlung erfolgt umgekehrt, also vom Fußbereich hinauf zum Kopf. Diese energetische Begleitung verhilft dem Sterbenden dazu, seinen Körper durch das Kronenchakra zu verlassen, was der Seele die Heimreise ins Licht erheblich erleichtert.

Grundsätzlich ist noch anzumerken, dass die linke Hand dem Minuspol entspricht und die rechte als Pluspol einzustufen ist. Daraus resultiert eine weitere Empfehlung, die ich fast als Grundregel bezeichnen möchte: Mit der linken Hand sind wir im Rahmen einer Behandlung in der Lage, energetische Störfelder zu neutralisieren und belastende Blockaden aus der Aura zu lösen. Sie ist sozusagen die Hand, die überschüssige oder unerwünschte Energien entfernt. Wenn wir es mit Krankheitssymptomen zu tun haben, die mit entzündlichen Prozessen einhergehen, sollten wir diese Körperstellen ebenfalls mit „links" behandeln.

Die rechte, pluspolige Hand sollte ihren Einsatz als gebende, stärkende, neuordnende Hand finden. Nachdem die energetische Erstversorgung bzw. reinigende Erstausrichtung stattgefunden hat, können beide Hände aufgelegt werden.

Doch das Heilen mit den Händen verbindet uns auch mit den bereits erwähnten morphischen Feldern. Daraus resultiert eine weitere Wirkungsebene, die der spirituellen Anbindung. Das heißt, wir können die Wirksamkeit des Handauflegens erhöhen durch die bewusste Ausrichtung bzw. Anhebung unseres Energiefeldes. Hier befinden wir uns wieder im Bereich der Quantenheilung, das heißt, wir verbinden uns aus der absoluten Neutralität heraus mit der göttlichen Matrix. Eine weitere Verstärkung der Heilkraft erfahren unsere Hände, wenn wir vor oder während der Behandlung uns über Gebete mit der göttlichen Heilkraft verbinden. Als geübter Heiler können Sie dann fühlen, ob Sie sich im Interesse Ihres Behandlungsempfängers beispielsweise mit der Christusenergie oder lieber mit einer Erzengelenergie verbinden. Auch die Anrufung der vierzehn Nothelfer kann in die Heilarbeit mit Händen einbezogen werden. Diese Ratschläge gelten natürlich auch für Eigenbehandlungen. Das Handauflegen ist auch ein Bestandteil des Pranaheilens, das eher dem ayurvedisch-buddhistischen Ursprung zugeordnet werden darf. Eine weitere Erscheinungsform des Heilens mit den Händen finden wir bei den Heilern und Schamanen, die absichtslos aus der ihnen zugefallenen „göttlichen Gabe" wirken. Diese Heiler haben ihre Bestimmung erkannt und praktizieren aus dem Heilfeld ihrer natürlichen energetischen Verbindung mit der Geistigen Welt.

Inzwischen gibt es weltweit unzählige geistige Heilmethoden, die auf die Heilkraft der Hände setzen; einer Auflistung mit Vollständigkeitsanspruch kann ich leider nicht gerecht werden. Zwei besonders bekannt gewordene alternative Heilmethoden möchte ich dennoch erwähnen. Die eine ist aus den USA zu uns gelangt und unter dem Name Therapeutic-Touch weltweit bekannt geworden. Therapeutic-Touch hat insbesondere in den USA den Einzug in den Klinikalltag geschafft. Die Qualitätssicherung dieser Methode erfolgt durch die professionelle Ausbildung von Krankenschwestern und Pflegern im Rahmen ihrer offiziellen Berufsausbildung. Eine so hochwertige energetische Zusatzausbildung wäre auch für unser Krankenhaus- und Pflegepersonal wünschenswert…

Die zweite weltweit bekannte energetische Heilmethode ist Reiki. Wie auch bei Therapeutic-Touch ist es der Reikimethode gelungen, Brücken zu bauen zwischen der Schulmedizin und dem spirituellen Heilansatz. Im Internet finden Sie Kliniken in Deutschland und Österreich, die auf Wunsch zusätzlich energetische Reikibetreuung im Pflegebereich anbieten.

Das in Japan vom Begründer Mikao Usui (1865-1926) entwickelte Reiki-System wird international praktiziert und gelehrt. Reiki bewirkt durch die Übertragung von universeller Lebensenergie die Harmonisierung von Körper, Geist und Seele. Der Meisterweg des Reiki-Systems umfasst drei Ausbildungsstufen, die als Grade bezeichnet werden. Die Einstimmung in die Grade I-III erfolgt durch ausgebildete Meister- Lehrer/innen in einer direkten Überlieferungslinie. Aus dem von Mikao Usui gegründeten traditionellen Reiki haben sich im Laufe der Jahrzehnte zahlreiche neue Reikilinien entwickelt.

Leider werden inzwischen im Internet auch fragwürdige Billig-Ferneinweihungen selbst in den Meister/Lehrergrad angeboten. Diese Angebote empfinde ich regelrecht als Ohrfeige für die ethisch einwandfrei, gut ausgebildeten Reikimeister der traditionellen Linie, die mit Herzblut für ihre Klienten und Schüler hochwertige, spirituelle Arbeit leisten.

Ganz zu schweigen von dem Imageverlust durch Reiki-Energieangebote auf großen gebührenpflichtigen Beratungsportalen. Doch wo viel Licht ist, fällt bekanntlich auch ein langer Schatten.

Aus meiner eigenen Erfahrung kann ich eine Reikiausbildung dennoch empfehlen. Insbesondere für Einsteiger ist gerade der erste Reikigrad eine gute, leicht verständliche Möglichkeit, relativ schnell Erfahrungen mit der Heilkraft der Hände zu sammeln.

Einen seriösen Lehrer oder Lehrerin erkennen Sie daran, dass er oder sie Ihre Fragen vor Ausbildungsbeginn ernst nimmt und sorgfältig beantwortet. Um zu gewährleisten, dass Sie sich im Seminar gut aufgehoben fühlen, sollten Sie vorab eine Reiki-Behandlungsstunde buchen. Wenn der gewünschte Entspannungseffekt eintritt und Ihr Bauchgefühl grünes Licht gibt, kann Ihr persönlicher Reiki-Weg beginnen.

Auch wenn ich heute, 15 Jahre nach meiner Meister/ Lehrerausbildung, nur noch selten mit der Reiki-Energie arbeite, möchte ich diese Stufe auf meinem Lebensweg nicht missen. Ich bin dankbar, bei Bedarf im Interesse meiner Klienten jederzeit auf das Wissen über die Behandlungstechniken der Reiki-Energie zurückgreifen zu können.

Inzwischen arbeite ich vorrangig mit meiner eigenen selbst entwickelten Heilmethode „Angel-Light-and-Healingwork®". Diese Methode verzichtet im Gegensatz zu Reiki auf die Anwendung von zugrundeliegenden Symbolen, wird aber ebenfalls über die Heilkraft der Hände vermittelt. Ziel dieser auf die Engel-Energie ausgerichteten, geistigen Heilungsmethode ist die Einheit von Körper, Geist und Seele und die Aktivierung der Selbstheilungskräfte. Nach meinem Empfinden ist „Angel-Light-and-Healingwork®" im Bereich der Quantenheilungsmethoden anzusiedeln und dient der Entwicklung des spirituellen heilenden Bewusstseins seiner Anwender.

Egal, für welchen Weg der Heilung Sie sich entscheiden, folgen Sie dem Impuls Ihres Herzens! Letztendlich gilt es - der guten alten Volksweisheit folgend - das Herz in beide Hände zu nehmen, wenn das Leben uns fordert…

Wie beruhigend ist es zu wissen, dass gerade unsere Hände in der Innenfläche unseres Handtellers über Nebenchakren verfügen, die uns mit unserem spirituellen Herzchakra verbinden!

Nehmen Sie sich Zeit für die Heilgeheimnisse in Ihren Händen und lauschen Sie auf die heilenden Botschaften aus Ihrem Herzen!

Schlussgedanken

Liebe Leserin, lieber Leser,

gemeinsam haben wir nun einen Blick hinter die Kulissen der geistigen Heilung geworfen und eine imaginäre Reise entlang unseres roten Fadens auf der Suche nach den Geheimnissen der Heilung unternommen.

Wir haben vielen verschiedenen Methoden und Heilungstechniken unsere Aufmerksamkeit geschenkt und uns bei unseren Ahnen für die Weitergabe des Lebensstromes bedankt. Unter Zuhilfenahme der Liebe des Aloha-Feelings, der Huna-Philosophie, wagten wir uns auf den Weg der Vergebung, um alte Verletzungen zu heilen.

Wir sind dem roten Faden mutig über den Tellerrand hinaus gefolgt und haben uns für die Déjà-vu-Erlebnisse unserer Seelen geöffnet. Doch wir haben nicht nur den Blick nach hinten gewagt, sondern waren auch bereit, unsere Glaubensmuster, Glaubenssätze und selbstauferlegten Begrenzungen aufzudecken.

Auf der Suche nach dem Licht unserer Herkunft stellten wir uns auch der Macht und Ohnmacht unseres Glaubens. Wir haben beherzt unsere eigenen Glaubensbilder und die Bewegungen unserer Seelen in den Dialog mit der göttlichen Quelle eingebracht und uns mit den morphischen Feldern der Heilung auseinandergesetzt. Zum Schluss betrachteten wir noch unsere Hände im Licht der Heilkraft und würdigten deren Anbindung an den kosmischen Pranastrom und erkannten, dass wir die Aktivierung unserer Selbstheilungskräfte in die eigenen Hände nehmen können.

Ich danke Ihnen, dass Sie der Welt des geistigen Heilens Ihre Zeit und Aufmerksamkeit geschenkt haben und nun vielleicht noch tatkräftiger dazu bereit sind, spirituelle Heilmethoden in Ihr Leben zu integrieren.

Ich hoffe, es ist mir gelungen aufzuzeigen, wie wichtig es ist, die Botschaften der eigenen Seele zu entschlüsseln und ihnen Gehör zu schenken.

Vieles wäre noch hinzuzufügen an Informationen über die Vielfalt des Geistigen Heilens und seiner Methoden. Unzählige große Heiler hätten es noch verdient, gewürdigt und namentlich erwähnt zu werden.

Doch wenn Ihr Interesse geweckt ist, werden Sie zur rechten Zeit die richtige weiterführende Literatur finden, die Sie weiterträgt auf Ihrem persönlichen Weg der Heilung.

Während ich dieses Buch mit letzten Gedanken fülle und mit Liebe auf den Weg bringe, beginnen meine Gedanken sich bereits um das nächste Buchprojekt zu kreisen. Zu vieles möchte ich noch mit auf den Weg geben, um es in dieses Buch einfügen zu können. So ist in mir die Entscheidung gereift, über das Heilen mit Engelenergien, Lichtarbeit und die Arbeit mit Heilsteinen und -kristallen ein weiteres Buch zu verfassen.

Ich würde mich freuen, wenn Sie sich mit mir erneut auf eine Heilreise begeben und ich Sie wieder als Leser begrüßen darf!

Lassen Sie uns zum Abschluss noch einen letzten kurzen Blick auf weitere Phänomene der energetischen Heilung werfen. Der Vollständigkeit halber sei erwähnt, dass die Übertragung der Heilenergie durch den Heiler nicht zwingend der persönlichen Anwesenheit bedarf. Die sogenannte „Fernheilung" wurde bereits erfolgreich von dem englischen Heiler Harry Edward praktiziert, als Geistiges Heilen bei uns in Deutschland noch so gut wie unbekannt war. Die Übertragung des Prana-Stromes sowie das Auflösen von energetischen Blockaden ist für einen geübten Heiler oder Heilerin mit Hilfe der Geistigen Welt und der morphischen Felder auch über große Distanzen hinweg kein Problem.

Als besonders geeignet und effektiv erweisen sich die verschiedenen Techniken der Gebetsheilung und der spirituellen Heilenergieübertragung mit Engelenergiefeldern.

Fragen Sie den oder die HeilerIn Ihres Vertrauens nach einer spirituellen energetischen Wegbegleitung, wenn Sie den Eindruck haben, dass Sie Unterstützung für die Aufarbeitung Ihrer eigenen Eindrücke und Erfahrungen auf dem Weg der Heilung benötigen. Wirklich authentische Heiler sind so stark an die Heilungsfelder der göttlichen Quelle angebunden, dass sie zur Übertragung der kosmischen Heilenergie auf das Auflegen der Hände sogar verzichten können. Mit der nötigen Übung ist es möglich, Heilschwingungen auch mit Hilfe der Stimme und dem Einsatz von Worten zu übermitteln.

Wenn wir die Wirkung unserer Worte und unserer Stimme auf Heilungsniveau anheben wollen, können wir diese Fähigkeit mit Hilfe von Meditationen trainieren und den Heiligen Geist um Unterstützung bitten.

Der Benediktinerpater und Bestsellerautor Anselm Grün berichtet in seinen Vorträgen und in seinen Schriften häufig von Häusern, die wir mit Hilfe unserer Sprache errichten. Wir haben die Macht, warme Häuser der Heilung, die auf unsere Gesprächspartner einladend wirken, zu bauen. Jeder Mensch ist in der Lage zu lernen, warme Töne anzuschlagen, deren Botschaften sich nicht nur aus dem Verstand, sondern auch aus der Weisheit des Herzens speisen.

Leider begegnet uns im Alltag häufig das negative, gegenteilige Beispiel, nämlich Häuser, die wie die Sprache, aus der sie errichtet wurden, vor Kälte klirren…

Eine weitere, besondere, fast magisch anmutende Methode der Energieübertragung ist der heilende Blick. Der zurzeit wohl bekannteste Heiler dieser Disziplin dürfte der kroatische Heiler Braco sein.

Er füllt große Säle mit unzähligen Besuchern und setzt ausschließlich auf die Heilwirkung seines Blickes. Die anwesenden heilungssuchenden Besucher profitieren von der hohen Energiefrequenz im Raum, mit der sie in Resonanz gehen können, um die eigenen Selbstheilungskräfte zu aktivieren. Im Internet finden Sie umfangreiches Informationsmaterial über Braco und seine Botschaft, die ohne Worte auskommt, und wie das Geistige Heilen an sich polarisiert.

Ich denke, nun sind Sie mit einem guten Rüstzeug an Grundinformationen ausgestattet, um Ihren Erfahrungsweg mutig beschreiten zu können…

Eine letzte Anregung möchte ich Ihnen noch mit auf Ihren individuellen Weg der Heilung geben: Nennen wir diese in meinen Augen so wichtige Lebenseinstellung einfach die Philosophie oder Kultivierung der Dankbarkeit. Erinnern wir uns an die Vergebungsarbeit und die Worte des unvergessenen amerikanischen Bürgerrechtlers Dr. Martin Luther King: „ Vergebung ist ein Lebensstil!"

Das Gleiche gilt nach meiner Einschätzung für die Dankbarkeit, die ebenfalls Einzug finden sollte in unsere Alltagskultur.

Wir alle haben täglich mit unseren kleineren und größeren Sorgen und Herausforderungen zu kämpfen, in manchen Lebensphasen auch mit existenziell bedrohlich wirkenden Krankheitsbildern, doch die Dankbarkeit gegenüber dem Leben an sich, der bloßen Tatsache unserer Existenz sollten wir mehr Aufmerksamkeit schenken.

Wir haben das Glück, mehrheitlich einer Generation von Europäern anzugehören, die Krieg, Vertreibung, Hungertod und Gefangenschaft nur noch aus der Erzählung ihrer Eltern oder vielleicht noch der Großeltern kennen.

Menschen, die nicht mit der Gnade bedacht wurden, in demokratischen westlichen Industrienationen zu inkarnieren, kämpfen mit wesentlich existenzielleren Herausforderungen.

Umso beschämender finde ich es, dass wir gerade dort, in den ärmsten Ländern, die wir als Dritte Welt Länder bezeichnen, als gelte es hier klassifizierende Benotungen zu verteilen, auf eine wesentlich entwickeltere Dankbarkeitskultur stoßen.

Wir alle sitzen in einem Boot, teilen uns den gleichen Planeten und haben Zugang zu den gleichen morphischen Feldern.

Wir sollten die Ärmel hochkrempeln und unsere privilegierten Lebensbedingungen nutzen, um uns auch für die Heilung unserer Umwelt, der Natur, den Tieren und der weltweiten sozialen Schieflagen einzusetzen.

Nutzen wir unsere Kenntnisse von energetischen Heilungsphänomenen und schenken wir der Welt gemeinsam unsere Liebe, unser Mitgefühl, unsere Dankbarkeit und Lebensfreude!

Stimmen wir ein in ein großes überkonfessionelles Friedens- und Heilungsgebet für alle Lebewesen, die mit uns das Abenteuer Leben teilen!

Mögen die Engel der Heilung Ihr Leben begleiten!
Sabine Göbel im Herbst 2012

„Wenn wir unsere Dankbarkeit zum Ausdruck bringen wollen, dürfen wir niemals vergessen, dass höchste Wertschätzung sich nicht nur in Worten ausdrückt, sondern darin, dass wir nach diesen Worten leben."

John F. Kennedy (1917-1963)
35. Präsident der Vereinigten Staaten

Über die Autorin

Sabine Göbel, Jahrgang 1967, lebt und arbeitet in Bayern. Seit ihrer Jugend weiß sie um ihre mediale Begabung und bemüht sich verantwortungsvoll und bewusst damit umzugehen. Auf ihrem spirituellen Weg erforschte sie bereits in jungen Jahren die großen Weltreligionen. Besonders intensiv ist bis heute die Auseinandersetzung mit den christlichen Wurzeln, insbesondere der christlichen Mystik.

Es folgten zahlreiche Ausbildungen im Bereich des geistigen und energetischen Heilens und Streifzüge durch verschiedene schamanische Traditionen.

Um in ihrer eigenen Praxis professionelles Coaching und spirituelle Beratungen auf hohem Niveau anzubieten, erweiterte sie ihr Fundament mit der Ausbildung zur Familien-, Paartherapeutischen- und Psychologischen Beraterin.

Da ihr die präventive Arbeit im Sinne einer zeitgemäßen Work-Life-Balance besonders am Herzen liegt, folgten noch die Ausbildungen zur Lehrerin für Autogenes Training und NLP.

Gerne vermittelt sie ihr umfangreiches Fachwissen auch in ihren Seminaren für die Seele und rund um die Welt der Engel. Ihre eigene spirituelle Heimat hat sie im Dialog mit der Engelwelt gefunden. Inspiriert vom Wirken der heilenden Engelkräfte entstand die eigene energetische Heilmethode „Angel Light and Healing Work®".

Diese Selbstheilungstechnik kann ebenfalls in Ausbildungen bei Sabine Göbel erlernt werden.
Mehr Informationen zu Beratungen, Seminaren und Klangschalen-Kursen usw. erhalten Sie unter www.sabine-goebel.de oder unter Tel. 0049/(0)171/1872265.

Literaturempfehlungen

Dr. Richard Bartlett: Matrix Energetics, Vak-Verlag, 10. Auflage, 2010

Barbara Ann Brennan: Licht-Arbeit, Goldmann Verlag, 1998

Barbara Ann Brennan: Licht-Heilung, Goldmann Verlag, 1994

Dr. Larry Dossely: Heilende Worte - Die Kraft der Gebete als Schlüssel zur Heilung, Crotona, 2010

Sabine Göbel: Die Engelwelt ist nicht verschlossen, Elraanis Verlag, 2011

Anselm Grün: Mystik: Den inneren Raum entdecken, Verlag Herder, 2009

Tanmaya Honervogt: Reiki: Das große Praxisbuch, Nietsch, 2009

Sandra Ingerman: Auf der Suche nach der verlorenen Seele: Der schamanische Weg zu innerer Ganzheit, Heyne Verlag, 2010

Sandra Ingerman: Heimkehr der Seele: Schamanische Selbstheilung, Allegria Taschenbuch, 2005

Olaf Jacobsen: Ich stehe nicht mehr zur Verfügung, Windpferd, 2007

Peter Kelder, Die Fünf „Tibeter"®: Das alte Geheimnis aus den Hochtälern des Himalaja lässt Sie Berge versetzen, Scherz Verlag, 2011

Dr. Frank Kinslow: Quantenheilung: Wirkt sofort - und jeder kann es lernen, Vak-Verlag, 2011

Dr. Henry Krotoschin: Huna-Praxis-Bewusste Lenkung des Schicksals, Schirner Verlag, 2012

Gerhard Klügl, Tom Fritze: Quantenland: Ein Leben als Aurachirurg, Arkana, 2012

Max Freedom Long: Geheimes Wissen hinter Wundern, Schirner Verlag, 2006

Gertraud Radke: Prana: Mit geistiger Lebensenergie die eigenen Selbstheilungskräfte entfalten, Aquamarin, 2008

Dr. Rupert Sheldrake: Das schöpferische Universum, Nymphenburger Verlag, 2008

Keith A. Sherwood: Chakra-Therapie, Schirner, 2012

Dr. Bertold Ulsamer: Ohne Wurzeln keine Flügel, Goldmann Verlag, 1999

Lichtfokus - Die Zeitschrift für Lichtarbeit